青岛市精品校（园）本课程系列丛书

导游业务实用教程

青岛市教育科学研究院 编

山东教育出版社

图书在版编目（CIP）数据

导游业务实用教程 / 青岛市教育科学研究院编. — 济南：山东教育出版社，2019. 4

（青岛市精品校（园）本课程系列丛书）

ISBN 978-7-5701-0629-5

Ⅰ. ①导… Ⅱ. ①青… Ⅲ. ①导游—教材 Ⅳ. ①F590.63

中国版本图书馆CIP数据核字（2019）第056967号

QINGDAO SHI JINGPIN XIAO（YUAN）BEN KECHENG XILIE CONGSHU

DAOYOU YEWU SHIYONG JIAOCHENG

青岛市精品校（园）本课程系列丛书

导游业务实用教程 青岛市教育科学研究院 编

主管单位：山东出版传媒股份有限公司

出版发行：山东教育出版社

地址：济南市纬一路321号 邮编：250001

电话：（0531）82092660 网址：www.sjs.com.cn

印　刷：山东泰安新华印务有限责任公司

版　次：2019年4月第1版

印　次：2019年4月第1次印刷

开　本：787 mm × 1092 mm 1/16

印　张：10.75

字　数：179千

书　号：ISBN 978-7-5701-0629-5

定　价：30.00元

青岛市精品校（园）本课程系列丛书

编写委员会

总序

习近平总书记在2018年全国教育大会上强调，要努力构建德智体美劳全面培养的教育体系，形成更高水平的人才培养体系。要把立德树人融入思想道德教育、文化知识教育、社会实践教育各环节，贯穿基础教育、职业教育、高等教育各领域，学科体系、教学体系、教材体系、管理体系要围绕这个目标来设计，教师要围绕这个目标来教，学生要围绕这个目标来学。凡是不利于实现这个目标的做法都要坚决改过来。

青岛市教育科学研究院以学校课程建设与实施为抓手，围绕课程教材体系和人才培养体系建设目标，从学校和一线教师开发的校本课程中，精选出部分基于学生核心素养提升的课程成果，组织开发建设了超过1000门精品学校课程。在邀请国内知名课程专家进行专业指导，引领学校实践验证、完善优化和提炼提升的基础上，通过网上精品课程超市、课程建设现场会、新闻媒体和专业报刊系列报道、课程成果推介会、专家论证会等形式，广泛宣传、推介和展示学校的优秀课程成果，引导社会、学校、教师和学生共享优质课程资源，从而使所提供的校本课程资源真正意义上成为国家课程、地方课程的有益补充，为学校文化建设、学校特色创建、学生个性发展和区域教育均衡发展搭建了相互学习与借鉴的平台，也为区域推进学校课程建设提供了案例和典范。

青岛市精品校（园）本课程系列丛书的面世，是青岛市高效推进学校课程建设与实施的有力佐证，也是我国课程改革深入推进的重要成果之一，是贯彻落实《中共中央国务院关于深化教育改革，全面推进素质教育的决定》，落实国家课程、地方课程和校本课程三级课程管理体制，赋予地方和学校更大的课程决策权的典型实践案例。通过共享精品课程资源的学习，帮助学生形成其终身发展和社会发展需要的必备品格和关键能力，提升学生的个人修养、社会关爱和家国情怀，实现自主发展、合作参与和创新实践；同时也为一线从事校本课程开发建设和实施的广大教师打开了一扇新的窗户。

青岛市在解决“培养什么人、怎样培养人、为谁培养人”根本问题，全面推进教育现代化，全面提升教育教学质量方面又迈出了可喜的一大步。

教育部课程教材研究所　田慧生

2018年12月

目 录

项目一

导游基础认知

项目导读

本模块围绕“导游服务的产生与发展、导游服务的性质与特点、导游人员的概念与分类、导游人员的职责、导游人员的职业素养”五个任务开展教学活动，让学生能够对导游基础理论知识有初步的认识和了解，明确导游服务过程中的工作职责，不断提升自身的职业素养。

教学建议

1. 带领学生走访所在城市的旅行社，参观旅行社的主要业务部门，与导游等工作人员交流，让学生观察导游人员的工作。

2. 邀请本校导游专业优秀毕业生给学生做讲座，让学生感受优秀导游的素质。

学习目标

1. 了解导游服务的产生、发展、性质和特点；
2. 掌握导游人员的概念、分类以及职责要求；
3. 理解导游人员应具备的职业素养。

读一读

特级导游员石春满从业30年来，不仅兢兢业业地工作在导游岗位上，对大同市大大小小的景点了如指掌，甚至大同市各区县的一些破旧庙宇，他都能讲出建筑年代、建筑风格和历史沿革，而且还能在连轴转的导游服务中挤出时间来潜心研究佛教文化、古建筑和雕刻艺术，尤其是云冈石窟。他的特级导游论文就是《谈下华严寺合掌露齿菩萨》。他经过查阅大量资料，否定了郭沫若关于“中国辽代塑像之代表杰作”的合掌露齿菩萨表现的是刚入佛门的少女听到佛祖讲经时止不住微微一笑之说，认为是拈花笑，表达的是释迦牟尼涅槃之前，大梵天王献上金色优昙婆罗，众弟子不解，唯有释迦牟尼大弟子迦叶微微一笑，表示“领悟”，因而得受“正法”的典故，以释迦牟尼“十大弟子”之一的迦叶为原型所塑造的。目前，石春满对合掌露齿菩萨的这一解释已成为经典之谈。

30年来，石春满接待了无数游客，他们都对他知识的渊博深表敬佩。一名日本游客听了他的讲解后感叹地说：“石先生的日语水平胜人一筹，你能以流畅的日语为我们讲专业知识，跟着你，我们学到了不少东西。”一些日本佛教团体的客人称赞他说：“日本佛学院毕业的人员，恐怕都比不上石先生对佛教、古建筑、雕刻艺术的了解。”

（资料来源：《中国旅游报》，2010年6月14日）

点评：在旅游业迅速发展的今天，导游作为“民间大使”，肩负着沟通友谊、传播文化的重要作用。导游人员素质的高低将直接影响到一个国家、一个地区的形象。

任务1　导游服务的产生与发展

旅游从人类早期的生产活动开始到现代全球性的人类活动，大致经历了古代旅游、近代旅游和现代旅游三个发展过程。旅游业中最具有代表性的工作无疑是导游工作，它包含向导服务、讲解服务、生活服务和安全服务。而现代旅游业的发展历史证明，导游服务经历了从古代早期的“向导服务”逐渐发展到现代导游服务一个漫长的过程。

任务描述

智慧旅游

随着“一带一路”、特色小镇、全域旅游等概念的兴起和落地，智慧旅游建设需求也呈现井喷状态。无论是旅游局还是景区，在创建5A或者全域旅游示范区等景区规划中，智慧旅游都成为重点。

而现在各地智慧旅游投资额度也是频频刷出新高度，甚至有一种趋势，没有1000万元的投资，都不好意思说在做智慧旅游。目前我们看到的公开信息，包括南京牛首山智慧旅游投资建设8000万元，北京十三陵智慧旅游投资6200万元，南京栖霞山电子票务系统投资3200万元，武陵山智慧旅游投资2232万元，贵州六盘水梅花山景区智慧旅游投资1417万元，江西明月山智慧旅游投资1327万元等。

业内也有一些不成文的规则，就是景区要创建5A，一般智慧旅游建设投资会在1000万元以上，创建4A，投资在500万元以上。目前排队准备或计划升5A的景区大概有600家，准备升4A的景区大概有8000多家，两年内智慧旅游市场需求大概在500亿元以上，如果再加上旅游局要投资建设的智慧旅游项目，一般一个县域的智慧旅游投资都在1000万元，市级和省级分别为2000万元和4000万元起步，两年内整体市场需求可能将超过700亿元。

（资料来源：中大网校《导游实务案例分析》）

点评：“智慧旅游”是一个全新的命题，它是一种以物联网、云计算、下一代通信网络、高性能信息处理、智能数据挖掘等技术在旅游体验、产业发展、行政管理等方面的应用，使信息资源得到高度系统化整合和深度开发激活，并服务于公众、企业、政府等的面向未来的全新的旅游形态。

讨论：1. 请你谈谈对智慧旅游的认识。

2. 今天的旅游活动反映了时代发展的特点，回顾历史，导游服务发展的历史特征是什么呢？

知识点拨

一、世界导游服务的产生与发展

1. 古代的向导服务

“旅游”（Tour，Tourism，Trip）一词最早出现于19世纪初，但旅游活动作为人类的文明活动早在古代就已经出现了。

旅行活动是社会生产力发展到一定阶段的产物，它始于经商活动。在原始社会后期，第三次社会大分工的出现，商业从农牧业和手工业中分离出来，社会上出现了专门从事商品交换的商人。他们以经商为目的离开常住地，四处奔走到异地他乡。因此，最早的旅行是建立在经商贸易基础上的一种经济活动。据考证，世界上最早的旅行活动的先驱是公元前3000年位于地中海沿岸的“海上民族”腓尼基人，他们驾驶着狭长的船只踏遍地中海的每一个角落，旅行的目的在于商业贸易。

在奴隶制社会，以消遣为目的的旅行已经出现，主要表现为奴隶主阶级的享乐旅行。早在3000多年前，古埃及就因为拥有大规模的金字塔和神庙而成为闻名世界的旅游胜地。古希腊时代，人们旅行去参加、观看奥林匹克运动会。古罗马时期，进入世界古代旅行的全盛时期，人们开始离开居住地专程到沿海地区游览，有些达官贵人甚至远赴埃及观赏金字塔。在此时期，旅行活动的形式逐渐呈现多样化特点，开始出现海滨疗养、鉴赏艺术、游览古迹、欣赏建筑等多种目的的旅行。

到了封建社会，随着城市的陆续出现，客栈、旅馆的兴起，旅行的形式更加多种多样。如帝王、贵族的巡游，以求知求学为目的的教育旅行，以探索为目的的航海旅行，以经商为目的的跨国旅行等等。这一时期先后出现了一批著名的旅行家，如意大利旅行家马可·波罗，著名航海家、探险家哥伦布、麦哲伦、达尔文等。但是，在漫长的古代旅游发展史中，以经商为目的的旅行始终是主要形式，以消遣为目的的旅行只是少数人参与的活动。

在这些旅行活动中，旅行者为了使自己在人生地疏的环境中能够正确地行动并确保安全，往往配有熟悉路途和当地情况的人来做向导。这些充当向导的人不仅可以引路，还能对沿途的山水景物及当地的风俗民情进行介绍。只不过在古代，由于客观因素的制约，旅游活动的人数和范围有限，规模不大，充当向导的往往是一些车夫、船夫、当地居民或者僧侣。向导服务也只是一种偶尔为之的行为，虽然也会收取报酬，但在当时，不能作为一种职业存在。

总之，在古代时期，由于社会生产力发展水平低下，旅行活动和向导服务呈现出以下特点：（1）旅游活动只是少数人的行为，旅游的发展速度非常缓慢。（2）产生了导游的最初形式——向导，他们提供的服务在一定程度上已具有类似现代导游服务的形式，但其并未成为一种广泛的、社会化的需要，没有成为一个固定的职业。

2. 近代的商业性导游服务

近代旅游是指从工业革命（18世纪60年代）到二战结束（1945年），这一时期真正影响近代旅游产生的历史人物，是被公认为商业性旅游鼻祖的英国人托马斯·库克。

图1–1 托马斯·库克

1841年7月5日，托马斯·库克利用包租火车的方式组织了570人从莱斯特前往拉夫巴勒参加禁酒大会，往返行程22英里，每人收费1先令。这次团体旅行被公认为世界上第一次商业性团体旅游活动，标志着近代旅游活动的开端。在这次活动中，托马斯·库克本人自始至终随团陪同，可以说是近代旅游活动中全程陪同的最早体现。

1845年，托马斯·库克在英国莱斯特正式创办了世界上第一家商业性旅行社——托马斯·库克旅行社，该旅行社的问世标志着近代旅游业的诞生。旅行社成立后，于同年8月4日第一次组织了消遣性的观光旅游团，即莱斯特至利物浦之行，参加人数350人。库克本人对这次的团体旅行进行了周密的计划，并亲自考察旅游线路，整理出版了《利物浦之行手册》，发给旅行者，成为早期的旅游指南。

1846年，托马斯·库克旅行社组织了一个350人的团队乘火车和轮船去苏格兰旅游，旅行社为每位成员分发了旅游活动日程表，专门配备了导游。这是世界上第一次有商业性导游陪同的旅游活动。

1855年，库克组织了从英国莱斯特前往法国巴黎的旅游，在巴黎停留游览4天，全程用一次性包价，其中包括在巴黎的住宿和往返旅费。这被认为是世界上组织出国包价旅游的开端。

1872年，托马斯·库克自任导游，第一次开展了有10人参加、历时70天的环球旅游。

在托马斯·库克的影响下，欧美、日本一些比较发达的国家，先后组建了旅行社或类似的旅游组织，招募陪同和导游，导游服务逐渐成为旅游活动必需的一项服务。可以说，这一时期是导游服务的开创时期，也是现代导游服务的奠基时期。旅游活动和导游服务呈现出以下特点：（1）参加旅游活动的人员更加多元化，规模也在不断扩大。（2）导游服务开始作为一种固定职业在社会上出现，并且出现了全程陪同和地方陪同导游的划分，是导游员职业化的过程。（3）旅行社开始出现，并开展了考察线路、组织产品、广告宣传、销售组团到设置随团陪同人员等一系列活动，体现了旅行社业务活动的基本要求，开创了旅行社业务的基本模式。

3. 现代的职业化导游服务

现代旅游业是从二战结束（1945年）至今。二战结束以后，特别是20世纪60年代以后，由于世界经济的稳步增长，人们的收入水平不断提高，闲暇时间增多，社会化大众旅游活动迅速发展。旅游已不再是一种奢侈品，而是生活的必需品，成为人们的一种生活方式。

随着大众旅游的兴起，旅游业作为一种新兴的综合性产业，已成为世界经济中的重要产业部门。在这个时期，旅游代理商如雨后春笋大量出现，有组织的团体包价旅游成为现代旅游活动中最为普及的形式。游客在旅行社的组织安排下，借助各类旅游企业提供的产品和服务，由导游人员引导和带领，按照事先确定的时间、线路和活动内容，有计划地完成全程旅游活动。这种规范化的旅游活动模式，使人们外出旅游时因不熟悉旅游目的地的情况而带来的种种不便大大减少，旅游变成一种既安全方便又轻松愉快的经历。在这种大众旅游模式中，导游人员所提供的现代导游服务作为旅游各项服务中最为重要的内容，起着非常关键的作用。导游人员通过为游客提供生动的讲解服务、周到的旅行生活服务等，使游客游览、审美的愿望和安全、舒适的旅行需求得到满足，导游员也能获取相应的报酬。

旅游业的迅猛发展也提供了更多的就业机会。据统计，2013年旅游业已为2.66亿人提供了就业机会。而这其中，导游服务在旅游服务中的重要性日益凸显，导游队伍不断扩大，这也使得世界各国政府开始加强了对导游人员的执业资格、选拔、教育、培训以及对服务质量的管理。因此，导游作为一种新兴的职业，逐渐呈现出服务职业化、规范化、管理法制化的特点，这也是现代导游服务区别于之前阶段的主要特点。

二、中国导游服务的产生与发展

1. 古代的向导服务

中国是世界文明古国，旅游的历史非常久远，关于旅游活动的最早记载可见于《诗经》、《山海经》和《史记》当中，其起源的原因和世界旅游活动的起因大致相同，除经商活动外，中国古代主要的旅游活动形式主要还有：

（1）帝王巡游

在我国古代，统治者出于维护统治、体察民情、消遣游乐等需要，常常进行巡游。我国最早关于旅行的记载是战国时期的《周穆王游行记》，详细记载了周穆王驾八骏西巡天下之事。除此以外，秦汉时期统治者的寻仙访药活动，历代帝王的泰山封禅，隋炀帝的运河巡游，康熙、乾隆皇帝的南北巡游等等，都是古代帝王巡游活动的典型。

（2）文人漫游

“读万卷书，行万里路”，古代的许多文人士子、科学家、探险家，为了探求真理、丰富知识、陶冶情操而漫游天下。如孔子为宣扬自己的政治主张和道德观念而周游列国；司马迁为完成历史巨著——《史记》进行了艰苦而长期的旅行活动；李白、杜甫、苏东坡、谢灵运等文学家和诗人，漫游大江南北，留下了大量脍炙人口的诗文名篇；地理学家和旅行家徐霞客历时30多年，对我国的名山大川进行了系统、全面的考察，写出了地理科考巨著《徐霞客游记》；李时珍踏遍大江南北进行科学考察，写出了药物学著作《本草纲目》。

（3）使节出行

在古代，官宦以公务和政治活动为目的进行的旅行，称为宦游。如公元前138年和公元前119 年，张骞奉汉武帝之命，作为官方使节两次出使西域，开辟了著名的“丝绸之路”，沟通了中国和中亚、中东以及西方之间的经济和文化关系；明朝著名的外交使节、航海家郑和七次下西洋，拜访了30多个国家，为传播中华文明、加强中外经济文化的联系与交流做出了杰出贡献。

（4）宗教朝觐

宗教旅游活动在我国古代旅游中占有相当重要的地位。最有代表性的如东晋法显、唐代玄奘、鉴真等高僧历经磨难，以百折不回的精神前往异国取经、传教；宗教信徒更有前往名山圣水求经拜佛的信念，我国的佛教名山、道教福地洞天因此吸引了无数的朝圣者前往朝拜。可以说，在我国，宗教旅游活动自古以来就长盛不衰。

在诸多形式的旅行活动中，以经商为目的的旅行活动始终也是我国古代旅游活动的重要形式。在以上这些旅行活动中，随行的“陪臣”、“侍从”、“书童”、“仆人”等，以及临时指引道路、熟悉当地情况的人，就担当了向导的任务。

与世界古代旅游的发展史相比，中国这一阶段的旅游活动和向导服务的特点大致相同。旅行活动都是以经商活动为主要形式，虽然有向导服务，但并没有作为一个职业存在。

2. 近代的导游服务

图1–2　陈光甫

我国近代旅游业起步较晚。1923年8月，受英国通济隆、美国运通、日本的国际观光局等旅游公司的启发，我国爱国企业家陈光甫先生在自己开办的上海商业储备银行设立了旅行部，开展旅行业务。1927年6月，旅行部从该银行中独立出来，正式成立中国旅行社。这是中国人自己创建的第一家旅行社，它的创建标志着中国近代旅游业的建立。随后中国旅行社陆续在国内15个城市开办分社，并招募和聘用导游人员。此后，我国其他一些主要城市也相继成立了类似旅行社或旅游组织，如铁路游历经理处、公路旅游服务社、中国汽车旅行社、现代旅行社和名胜导游局等，可以说，这一时期产生了我国第一批的职业导游人员。

可见，在近代，我国商业性导游服务的出现与旅游业的诞生是同步的，只是由于近代中国社会风云变幻、动荡不安，所以旅游业虽然已经作为一种独立的产业出现，但却未能迅速地发展起来，导游服务队伍也未能形成规模。

3. 现代的导游服务

自中华人民共和国成立后，中国旅游业发展的经历了两个大的时期。

（1）改革开放前（1949年—1978年）

改革开放前，我国的旅游业主要以外事接待为主，接待对象主要是外国友好人士、华侨、港澳同胞。1949年11月19日，厦门市有关部门接管了旧“华侨服务社”，经过整顿，于同年12月正式开业，创立了新中国第一家旅行社——华侨服务社。此后，广州、泉州等十几个城市也相继成立了华侨服务社。1954年4月15日，中国第一个从事接待外国游客的机构——中国国际旅行社成立。其任务主要是负责承办除外国政府代表团之外的外宾接待工作，为外宾在中国的食、住、行、游等提供服务，后又开始接待外国自费游客。1957年，各地的华侨服务社改名为华侨旅行服务社。1974年，华侨旅行服务社改名为中国旅行社，接待对象主要为自费归国观光探亲的海外华侨、外籍华人以及港、澳、台同胞。1979年11月16日成立了全国青联旅游部。1980年，中国青年旅行社在北京成立。至此，我国三大全国性旅行社——国旅、中旅、青旅，承接了绝大部分入境游客的招徕和接待工作，以及国内游客的旅游业务。

这一时期，我国的旅游业主要以完成外事接待任务为目标，发展规模不大，而且主要是入境旅游，并不考虑经济效益。因此，当时的导游接待服务也就是一项政治任务和外事工作，主要从事翻译导游服务。导游人员作为从事外事工作的国家干部，要求其在政治、外语和文化知识三方面过硬，审核严格，因此，数量也较少，但社会地位较高。

（2）改革开放后（1978年至今）

改革开放以后，我国旅游业进入了快速、全面发展和国际接轨的阶段。1984年，旅行社行业的体制发生了重大改革，旅行社有条件地放开经营，打破了垄断局面，旅行社的性质由行政事业单位改为企业性质。这样，我国旅行社的职能就从过去的宣传中国、友好接待转变为以营利为目的的企业化运作。旅行社行业迅速壮大，一大批有实力、机制灵活的旅行社得到快速发展。随着旅行社的快速发展，导游队伍也不断扩大。

为加强导游队伍管理，提升导游服务质量，自1989年，国家旅游局每年举行全国性导游人员资格考试，这标志着我国开始迈入全国建设导游队伍的阶段。1994年，国家旅游局决定对全国导游员划分等级，划分为初级、中级、高级、特级四个等级，进一步加强导游队伍建设。2001年，国家旅游局颁发《导游人员管理实施办法》，决定启用IC卡导游证。2013年，《旅游法》正式实施，该法对导游人员的准入条件做出了重大修改。截止到2014年，我国导游队伍不断壮大，登记注册的导游人员已达80万人。2017年，国家旅游局决定废除IC卡导游证，实行电子导游证，为将来的导游的自由职业化奠定基础。

这一时期，旅游活动和导游服务呈现出以下主要特点：① 旅游业被称为“朝阳产业”发展迅猛，导游队伍规模迅速扩大；② 旅行社成为旅游业三大支柱产业之一，导游服务成为旅游服务的重要内容；③ 导游服务程序和服务要求逐渐趋于标准化、制度化和法制化。

情景体验

1. 通过本环节学习，回顾所学内容，分别梳理出世界范围内和我国导游服务的发展历程及各阶段发展特点，绘制思维导图。

2. 查找资料，研究讨论未来旅游活动及导游服务的发展趋势，分组谈一谈：智能化时代，导游的工作内容会怎么变？

任务拓展

《关于促进智慧旅游发展的指导意见》

2015年1月10日，国家旅游局印发《关于促进智慧旅游发展的指导意见》。该《意见》分总体要求、主要任务、保障措施3部分18条。主要任务是：夯实智慧旅游发展信息化基础；建立完善旅游信息基础数据平台；建立游客信息服务体系；建立智慧旅游管理体系；构建智慧旅游营销体系；推动智慧旅游产业发展；加强示范标准建设；加快创新融合发展；建立景区门票预约制度；推进数据开放共享。加快改变旅游信息数据逐级上报的传统模式，推动旅游部门和企业间的数据实时共享。

任务：请查阅智慧旅游的相关信息，谈谈在智慧旅游大环境下，将对导游服务产生的影响。

（资料来源：国家旅游局印发《关于促进智慧旅游发展的指导意见》）

任务2　导游服务的性质与特点

导游服务是旅游服务中的代表性工作，贯穿于旅游活动的始终。它作为旅游产品的一部分向旅游者出售，是旅游服务产品质量高低的最敏感的部分。可以说，导游服务是旅行社核心竞争力的重要组成部分，是旅游者顺利完成旅游活动的根本保证。

任务描述

优质服务来自真诚

时值美丽的秋日，红叶谷将“大实惠超级市场”的员工吸引到了“红叶度假村”。在旅行社的精心安排下，全天的活动紧张有序，大家非常开心。当天晚上，当大家兴致勃勃地从红叶谷回来用餐时，一位员工发现餐厅所上菜肴中有一条虫子。顿时一桌游客食欲全无，有的还感到恶心。游客们当即找到此次旅游活动的全陪导游小李，气愤地说：“马上给我们大家换家餐馆用餐。”面对愤怒的游客，导游员小李首先代表旅行社和饭店向全体游客表示歉意，然后很快找来该饭店餐饮部经理，向他反映了情况，并提出解决问题的建议。餐饮部经理代表饭店向游客作了诚恳道歉，同时，让服务员迅速撤走了这盘菜，为了表示歉意，还给游客上了一道当地风味特色菜。面对导游员小李和餐饮部经理真诚、积极的态度，游客们谅解了饭店餐厅的失误，也不再提出换餐馆的要求了……

（资料来源：中大网校《导游实务案例分析》）

讨论：1. 你认为导游小李的服务到位吗？

2. 这个案例提醒我们，导游服务具备哪些特点呢？

知识点拨

一、导游服务的性质

导游服务的性质与国家社会制度和国情有关，即使在同一国家内，在不同的时期，其性质也不尽相同。尽管如此，世界各国对导游服务所具有的基本性质和特征却有几点共识，即具有服务性、社会性、文化性、经济性和涉外性五大特性。

1. 服务性

导游工作本质上是服务性工作，是旅游服务工作的一种，它提供的不是有形的物质产品，而是无形的服务，是一种感受或体验。衡量服务产品质量的重要途径，是接受服务者的客观感受。因此，每一位导游员都应认清自己的角色地位，摆正位置，绝不能凌驾于旅游者之上，应把给旅游者提供满意的服务作为自己的责任。

2. 社会性

旅游活动已成为当今世界上规模最大、最具活力的社会活动之一，旅游已成为人类社会的基本需求之一，成为人们生活中不可缺少的组成部分。在大众旅游活动中，游客对导游服务存在着大量的需求。导游人员作为导游服务的实际承担者，要接待来自五湖四海的游客，并为他们提供范围广泛的各种服务。因此，导游人员从事的服务工作本身就是一种社会面很广的工作，具有很强的社会性。而且随着旅游活动和旅游事业的发展，旅游业已经成为社会经济中的一个支柱行业，导游工作也成为被社会所广泛认知的一种职业。在旅游业发达的国家和地区，旅游行业能够容纳相当数量的社会就业，导游队伍的规模也越来越大。

3. 文化性

旅游是人类精神生活的需要。人们外出旅游，不仅仅是为了度假、休闲、享受，更多的是以体验异域文化、获取异地知识为目的。因此，求新、求异、求知、求美就成为现代旅游活动中游客重要的旅游需求，这就需要旅游活动具有十分丰富的文化内涵，而导游服务就是传播文化的重要渠道。通过导游人员精心的导游讲解，可以帮助游客了解旅游目的地国家和地区的传统文化，丰富游客的知识和对当地人民的了解。而作为国家或地区旅游形象的代表，导游人员也会通过自己的一言一行，向游客展示本国本地区的文明。同时，导游人员也会通过与游客的接触受到外来文化的影响，并将这种文化向本地区传播，形成文化交流。

4. 经济性

旅游业已经成为世界各国一项重要的经济事业，也是世界上发展最为迅速的产业之一，国际旅游收入成为世界上最大的外汇收入领域，并且是许多国家保持收支平衡的重要因素。在我国，旅游业已成为国民经济的战略性支柱产业，成为大众消费需求的重要组成部分。导游服务作为旅游业各项服务中最为重要的部分，它属于无形的产品，在市场交换中实现了它的价值和使用价值，直接或间接实现旅游产业的创汇创收、扩大客源、促销商品、促进经济交流等经济作用。具有明显的经济属性，并且其经济意义和地位越来越重要。

5. 涉外性

旅游活动作为当今世界规模最大的民间外交活动，能促进不同国家、不同民族的接触和交往，增进相互之间的了解，有利于消除因相互隔绝而产生的误解与猜疑，增进友谊，从而促进世界和平，这也是越来越多的国家和地区热衷于促进旅游活动发展的重要原因之一。

导游服务工作是一项涉外性很强的民间交流工作，导游人员直接面对数量众多、阶层广泛的游客并提供导游服务，因而可以利用旅游活动的民间性、群众性和广泛性的优势，广交朋友；通过提供旅游服务，与游客进行思想、感情上的交流，帮助他们认识中国，增进中国人民与世界各国人民之间的了解和友谊，当好“民间大使”。

根据世界旅游组织预测，到2020年，中国将成为世界上最大的旅游目的地国和第四大旅游客源国。目前我国已形成入境旅游、国内旅游和出境旅游三大市场，无论是为入境旅游还是为出境旅游提供的导游服务，都具有明显的涉外性。

二、导游服务的特点

导游服务作为一种高智能、高技能的服务，以其独有的鲜明特点，成为旅游业中富有挑战性和创造性的工作。

1. 独立性强

导游服务是独当一面的工作。导游人员带领旅游团队外出旅游，需要独立面对游客，从旅行生活服务到景点讲解服务，均需导游人员独立完成。尤其是面对游客各种特殊要求，或当旅途中出现各种意料之外的情况时，导游人员还必须独立地处理善后。所以，从事导游服务的人员首先必须具有较强的独立工作能力。这种独立性主要体现在如下方面：

（1）独立宣传、执行国家政策

在游客心日中，导游人员是一个国家或地区的形象代表，游客往往希望通过导游人员来更多地了解一个国家或地区的情况。他们会提出各种各样的问题要求导游人员解答。有时可能会要求举行专题性座谈等，这必然要涉及国家的各项方针政策。导游人员要想圆满地解答这些政策性很强的问题，不仅要有广博的知识、较高的外语水平，还要有较高的政策水平。因此，导游人员须具备较高的政治修养和清晰的政治头脑，具备独立掌握和宣传、执行国家政策的能力。

（2）独立组织、协调旅游活动

导游人员在为游客提供服务的过程中，需要独立完成许多组织协调工作。在旅行社内部，导游人员需要与外联、计调、财会等部门协调关系、密切合作，充分做好导游服务的准备工作，以保证旅游活动的顺利进行；在对外关系中，导游人员要代表本旅行社与各有关方面联系和交往，协调好各种关系；在旅游团内部，要组织安排好团队的各项活动，需要协调好游客之间的关系；旅游过程中，导游人员还必须协调与交通、饭店、旅游景点等单位的关系，以取得这些部门的支持和配合。

（3）独立解决、处理问题

导游人员在带团旅游过程中，不可避免地会遇到各种问题和矛盾，包括一些突发性意外事件，如食物中毒、交通事故、游客突然发病或死亡等。往往来不及向旅行社请示，就必须由导游人员立即独立做出决定并进行初步处理。此时，导游人员应头脑冷静清醒，善于决断，迅速及时地采取措施，以最恰当的方式处理好突发事件，保证旅游活动的顺利完成。

（4）导游讲解的独立性

导游人员在实际讲解过程中，并不是千篇一律的固定模式，而是需要根据不同游客的文化层次、审美情趣以及兴趣爱好，根据具体情况，因人、因时、因地而异地及时调整自己的讲解内容，使导游讲解具有较强的针对性和灵活性，以满足不同的需要。这是需要导游人员独立完成的主要工作，是别人无法替代的。

2. 脑体高度结合

导游服务的文化性决定了导游服务不是一般意义上的服务工作，而是脑力劳动和体力劳动高度结合的工作。导游人员不仅需要有强健的身体、丰富的待人接物技巧、认真负责的态度，而且要求掌握扎实的历史、地理、宗教、文学等多种学科知识，练就高超的语言表达能力，这样才能成为游客的良师益友。

首先，导游服务是一项流动性强、工作量大、体力支出较大的工作。在旅游过程中，导游人员要带领游客一起游览并进行讲解和介绍，还要随时随地帮助游客解决出现的各种问题。尤其是旅游旺季时工作连轴转，工作难度加大，体力消耗非常大。

其次，导游服务面对的是各种各样的游客，其需求各不相同，其问题多种多样。要让不同的游客达到满意，就需要导游人员具备丰富的知识和经验，并时刻以游客的需求为出发点，在进行讲解和解决问题时，机智灵活应对。因而它又是一项高智能、高技能的工作。

这种智力与体力相结合的服务工作特点在其他行业是很少见的。因此，导游人员必须具有高度的事业心和健康的体魄才能胜任工作。

3. 复杂多变

导游服务是按照一定的程序和标准进行的，但在实施过程中，由于客观因素的不确定性，又具有复杂多变的特点。

（1）服务对象复杂

导游服务的对象是来自不同国家和地区的游客，他们的职业、性别、年龄、宗教信仰和教育情况各不相同，兴趣爱好、性格习惯更是千差万别。导游人员在提供服务时，面对的是一个复杂的服务对象群体，并且由于接待的每一批游客都不相同，因此，这又是个不断变化着的复杂群体。

（2）所需协调的关系复杂

为确保旅游活动的顺利进行，导游人员需要与许多相关部门和工作人员进行协调，争取各方的支持与配合。否则就会产生各种各样的矛盾，给导游服务造成障碍，影响到导游服务质量。因此，导游人员妥善搞好与各方面的沟通交流，建立起良好、互助的职业人际关系，是非常必要的。

同时，导游人员既代表着旅行社的利益，又是游客利益的代表者与维护者。因此导游人员处在一种工作关系和人际关系都十分复杂的关系网的中心。要处理好如此复杂多变的关系，导游人员需要具有较高的素质水平和较强的协调能力。

（3）直接面对多种诱惑

旅游业的发展也会带来一些消极影响，产生不健康的“精神污染”，即接待国或地区在发展旅游业的同时往往会“引进”不良的思想意识、处世方式和生活作风，并会对接待国的社会产生影响。导游人员在工作中要与海内外形形色色的人员打交道，直接面对这种“精神污染”的机会比常人要多得多。因此，导游服务的复杂性还在于导游人员处在一个复杂的工作环境中，直接面对多种诱惑。

导游人员处在这种氛围中，面对不同的意识形态、价值观念和生活方式，耳濡目染各种精神污染，意志要坚定，要提高思想政治觉悟，始终保持清醒头脑，提高抵制“精神污染”的能力。

4. 关联度高

一个完整的旅游产品是由许许多多的单项旅游产品组合而成的。但是这些单项旅游产品却是由各自独立、性质不同、功能各异的旅游供给部门分别提供的。因此，一次成功的旅游活动需要这些环环相扣的各旅游供给部门的共同努力和通力协作。无论哪一个部门出现了问题，势必都会影响到旅游活动的正常进行，从而影响到整体旅游产品的质量。

导游人员带领旅游团参观游览，在组织旅游活动的过程中，要与饭店、旅游景点、旅游商店、娱乐场所、旅游交通等诸多部门发生相互联系，这些部门的服务质量不是导游人员所能左右的，但是其服务质量的高低却会对导游服务的质量产生很大的制约和影响。从这个意义上说，导游服务和其他旅游供给部分既有高度的关联性，又对其有很强的依赖性。

情景体验

1. 通过本环节学习，理解导游服务的性质与特点。

2. 在团队游客中，既有见面即熟的“话匣子”，也有不言不语的“闷葫芦”。如果你遇到这两类客人，你会怎样有针对性地为他们提供服务？

3. 20世纪90年代初，成都至九寨沟旅游的条件相当艰苦，沿途鲜有像样的餐厅，行车时间也无法准确预测，导游通常在用餐时间临近时才就近安排餐厅就餐，卫生条件当然难以保证。某旅行社导游每次带团去九寨沟，都精心准备一次性白桌布和卫生筷供客人使用，客人在惊讶之余无不从内心赞扬他细致入微的服务和崇高的敬业精神。他提供的卫生条件虽然有限，但游客却觉得享受到了超值的服务。

请分组讨论：什么叫个性化服务？举例说明，导游服务中，我们还可以向游客提供哪些个性化服务？

任务拓展

认真贯彻《“十三五”旅游业发展规划》，加快全国旅游信息化发展

“十三五”时期是实现全面建成小康社会的决胜阶段，也是我国从粗放型旅游大国向比较集约型旅游大国发展的关键时期，旅游信息化面临重大发展机遇。

（一）信息化已成为经济社会发展的显著特征。信息化代表了新的生产力和发展方向，“没有信息化就没有现代化”。当今世界，信息技术日新月异，信息化浪潮风起云涌。全球信息化已进入全面渗透、跨界融合、加速创新、引领发展的新阶段，正在深刻改变着人们的生产生活方式。近年来，我国信息化产业体系已逐步完

善，信息技术应用不断深化，“互联网+”异军突起，经济社会数字化、网络化转型步伐不断加快，信息化在现代化建设全局中的引领作用日益凸显。

（二）我国旅游业将迎来新一轮黄金发展期。改革开放以来，我国旅游业全面融入国家战略体系，走向国民经济建设的前沿，成为国民经济战略性支柱产业。“十三五”期间，我国旅游业面临重大发展机遇，将呈现消费大众化、需求品质化、发展全域化、产业现代化、竞争国际化的发展趋势。旅游业发展对信息化有了新的需求，需要用信息技术推进旅游生产方式、管理模式、营销模式和消费形态的转变，全面提升产业质量效益和核心竞争力，实现旅游经济稳步增长、综合效益显著提升、人民群众更加满意、国际影响力大幅提升的目标。

（三）旅游信息化加快发展的基础已经形成。近年来，特别是旅游“515”战略实施以来，我国旅游信息化取得长足进展，旅游信息化管理初见成效，旅游公共信息服务设施建设取得阶段性成果，旅游在线市场初具规模，全覆盖式旅游宣传营销格局基本形成，旅游电子政务稳步推进，旅游信息化对旅游业支撑保障作用明显增强，为“十三五”时期旅游信息化加快发展奠定了良好的基础。

（资料来源：《“十三五”旅游业发展规划》）

任务：结合我国“十三五”旅游业发展规划纲要内容，搜集生活中的案例，谈谈信息化在旅游业中的应用。

任务3　导游人员的概念与分类

现代旅游业的发展历史证明，旅游业中最具有代表性的工作无疑是导游工作。导游人员是旅游接待工作第一线的关键人员，是旅行社中一支最基本也是最庞大的队伍。

导游人员是旅游活动中重要的服务人员，其服务的质量和水平不仅直接影响旅行社的效益和声誉，而且对旅游目的地国家或地区的旅游形象也具有重要的影响作用。因此，国外旅游发达国家对导游人员管理早已进入法制化的规范管理，而我国则是从20世纪90年代后才逐步加强对导游人员的规范化管理。

任务描述

黄果树景区出现特级讲解员

2017年，贵州安顺黄果树瀑布出现特级讲解员，一人一次收费1800元。记者从黄果树导游服务有限公司处了解到，特级讲解员的身份为专家教授，能否预约成功需要看对方时间。

网传的一份黄果树瀑布景区讲解员价目表显示，该景区讲解员共分为初级、中级、高级和特级四个级别，价格分别是每人讲解一次120元、150元、180元和1800元。价目表显示，景区共有两名特级讲解员，备注信息显示，想要请特级讲解员做讲解需要提前七天预约。这两名特级讲解员照片下方的信息显示，其中一名女性讲解员名为娄昭，职务为教授，专业为地理学；另一名男性特级讲解员名为吴羽，职务同样为教授，专业为历史、人文学。

记者从黄果树导游服务有限公司了解到，该公司的确设有两名特级讲解员，价格为1800元一次，需提前一个星期预约。一名工作人员称，这两名讲解员为当地“名校教授”，相比普通讲解员，特级讲解员在讲解过程中会加入更多文学、历史、地理等知识的介绍。价格定得较高一方面是因为特级讲解员可服务于多语言讲解，另一方面是因为其身份为专家教授。

讨论：1. 你认为导游员按照技术级别、语种收费是否合理？

2. 成为一名特级导游员需要具备哪些条件呢？

知识点拨

一、导游人员的概念

《导游人员管理条例》第二条规定：“本条例所称导游人员，是指依据本条例取得导游证，接受旅行社委派，为旅游者提供向导、讲解及相关旅游服务的人员。”

上述导游人员的概念包含了三层含义：

第一，特定的程序。在中国担任导游工作的人员，是依据《导游人员管理条例》经过导游人员资格考试并取得导游证的人员。

第二，特定的委托。导游人员是接受旅行社委派而从事导游业务的人员，接受旅行社委派从事导游业务是导游人员概念的特征。

第三，特定的工作。导游人员的工作范围，主要是为旅游者提供向导、讲解及相关旅游服务。“向导”，一般是指为他人引路、带路；“讲解”，是指为旅游者解说、指点风景名胜；“相关旅游服务”，一般是指为旅游者代办各种旅游证件、代购交通票据、安排旅游住宿、旅程、就餐等与旅行游览有关的各种活动。

同时，根据导游工作的性质，《导游人员管理办法》中规定，凡具有下列情形的，不予核发导游证：

（1）无民事行为能力或者限制民事行为能力的；

（2）患有甲类、乙类以及其他可能危害旅游者人身健康安全的传染性疾病的；

（3）受过刑事处罚的，过失犯罪的除外；

（4）被吊销导游证之日起未逾3年的。

二、导游人员的类型

导游人员由于业务范围、业务内容的不同，服务对象和使用的语言各异，其业务性质和服务方式也不尽相同。

1. 按业务范围划分

导游人员分为海外领队、全程陪同导游人员、地方陪同导游人员和景点景区导游人员。

海外领队是指受国家旅游行政主管部门批准可以经营出境旅游业务的旅行社的委派，全权代表该旅行社带领旅游团从事旅游活动的工作人员。

全程陪同导游人员（简称全陪）是指受组团旅行社委派，作为组团社的代表，在领队和地方陪同导游人员的配合下实施接待计划，为旅游团（者）提供全程陪同服务的工作人员。这里的组团社或组团旅行社是指接受旅游团（者）或海外旅行社预订，制定和下达接待计划，并可提供全程陪同导游服务的旅行社。这里的领队是指受海外旅行社委派，全权代表该旅行社带领旅游团从事旅游活动的工作人员。

地方陪同导游人员（简称地陪）是指受接待旅行社委派，代表接待旅行社实施接待计划，为旅游团（者）提供当地旅游活动安排、讲解、翻译等服务的工作人员。这里的接待旅行社是指接受组团社的委托，按照接待计划委派地方陪同导游人员负责组织安排旅游团（者）在当地参观游览等活动的旅行社。

景点、景区导游人员亦称讲解员，是指在旅游景区、景点，如博物馆、自然保护区等，为游客进行导游讲解的工作人员。

2. 按职业性质划分

导游人员分为专职导游人员和兼职导游人员。

专职导游人员是指在一定时间内以导游工作为其主要职业的导游人员。目前，这类导游人员一般为旅行社的正式职员，他们是当前我国导游队伍的主体。兼职导游人员亦称业余导游人员，是指不以导游工作为其主要职业，而利用业余时间从事导游工作的人员。

另外，在西方和我国还有一种导游人员，他们以导游为主要职业，但不是某家旅游公司的正式雇员，而是通过签订合同为多家旅游公司服务，他们是一批真正意义上的“自由职业导游人员”。他们构成了西方大部分国家导游队伍的主体。

3. 按导游使用的语言划分

导游人员分为中文导游人员和外语导游人员。

中文导游人员是指能够使用普通话、地方话或者少数民族语言从事导游服务的人员。目前，这类导游人员的主要服务对象是国内旅游中的中国公民和入境旅游中的港、澳、台同胞。

外语导游人员是指能够运用外语从事导游服务的人员。目前，这类导游人员的主要服务对象是入境旅游的外国游客和出境旅游的中国公民。

4. 按技术等级划分

按照技术等级，可将我国导游人员分为以下四种类型。

（1）初级导游员

《中华人民共和国旅游法》中明确规定，参加导游资格考试成绩合格，与旅行社订立劳动合同或者在相关旅游行业组织注册的人员，可以申请取得导游证。也就是说，有高中、中专及以上学历，通过国家旅游局组织的统一考试获得导游人员资格证书并进行岗前培训，与旅行社订立劳动合同或在相关旅游行业组织注册后，自动成为初级导游员。

（2）中级导游员

初级导游员报考同语种中级导游员和初级外语导游员报考中文（普通话）导游员的，学历不限；初级中文（普通话）导游员和中级中文（普通话）导游员报考外语导游员的，需具备所报考语种大专以上学历。取得导游员资格证书满3年，或具有大专以上学历的取得导游证满2年，报考前3年内实际带团不少于90个工作日，经笔试导游知识专题、汉语言文学知识或外语，合格者晋升为中级导游员。

（3）高级导游员

中级导游员资格满3年，具有本科以上学历或旅游类、外语类大专学历，报考前3年内以中级导游员身份实际带团不少于90个工作日，经笔试导游能力测试和导游综合知识（对旅游政策法规的掌握和运用能力，对旅游业发展趋势的深入了解，对国内外重大事件的及时掌握和分析，以及对旅游相关知识的综合运用能力），合格者晋升为高级导游员。

（4）特级导游员

取得高级导游员资格5年以上，业绩优异，有突出贡献，有高水平的科研成果，在国内外同行和旅行商中有较大影响，经论文答辩通过后晋升为特级导游员。

图1-3 初级导游资格证书封面

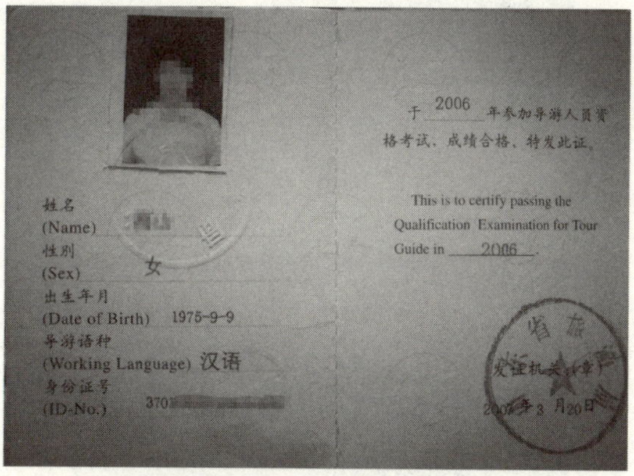

图1-4 初级导游资格证书内文

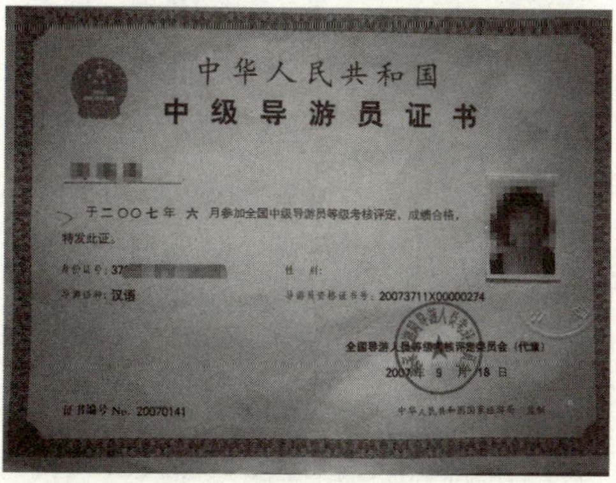

图1-5 中级导游资格证书

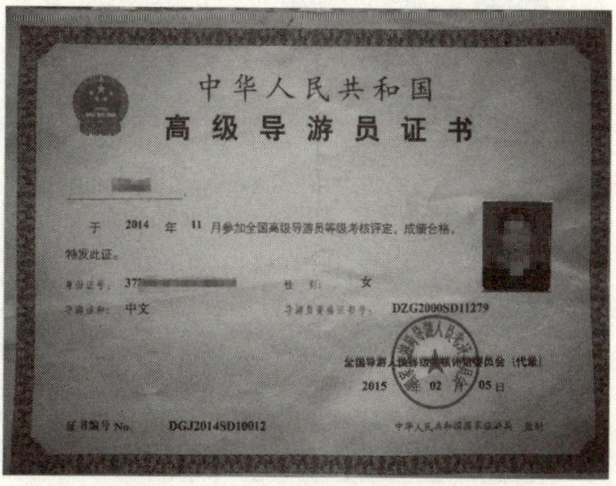

图1-6 高级导游资格证书

图1-7　IC卡正面

图1-7　IC卡反面

图1-8　电子导游证正面

图1-8　电子导游证反面

情景体验

1. 通过本环节学习，掌握导游人员的概念及分类，绘制导游分类图表。

2. 分小组，分别查阅欧美、日本等旅游发达国家导游人员的分类及管理体制，并进行小组讨论，写出对比结论。

任务拓展

一个特级导游的心声

孙学琦，1979年毕业于西安外国语学院，之后分配到西安中国国际旅行社从事导游和管理工作，是陕西省仅有的3名特级导游之一。他的从业时间正好和我国改革开放后旅游业的起步时间相吻合。

谈起35年的从业生涯，孙学琦总结道：

1. 导游一定要不断提高外语水平

“如今的导游环境和我当年从业时候的环境相比变化很大！1979年我从外国语学院毕业的时候，只有各方面都出色的学生才能被分配到旅行社工作，当时分到西安国旅的几个学生都是在系里成绩优秀、要身高有身高、要长相有长相的同学。那时还不能说是导游，确切地说是做翻译工作。”

孙学琦回忆：“我国的入境旅游从1978年才刚起步，到1979年全省入境旅游人数也只有六七千人。当时陕西接待入境旅游的旅行社只有国旅、青旅、中旅三家，那时‘老外’在西安逗留的时间都比较长，一般是四五天，他们能够静下心来仔细地了解看到的各种事物。我们的工作主要就是为外国游客做翻译，讲解内容随机性很大，即席翻译很多，因此对外语水平要求比较高，每次带团前都要对去的地方进行仔细的研究学习。”说到这里，孙学琦略停顿了一下说：“改革开放初期我们的工作就是做翻译，再后几年过渡到‘翻译导游’，再到后来成为真正意义上的导游。因此，我对做外语导游的第一感受就是一定要具备较高的外语水平，不但要精通旅游行业的词汇，还要了解各种行业的词汇，这样才能做到游刃有余。”

2. “热爱”是做好导游的关键

“我热爱导游这个职业，尽管做管理之后很少带团，但是偶尔带一次团我也能马上回到导游状态上来，我都会把它当成第一个团来接待。”孙学琦说。因为这份热爱，他付出的努力和辛苦也更多，成绩更大。1998年，国家旅游局组织特级导游资格考试，选拔条件不仅要看工作时间、工作表现、业务能力、外语水平，还要到北京进行统一的论文答辩。经过严格的省级选拔，再到国家旅游局的评选，最后我省只有三名导游获得特级导游资格。此后国家旅游局再没有进行特级导游考试，我省的三名特级导游也就成为仅有的三个。也许冥冥之中特级导游的殊荣就是对孙学琦对这个职业热爱与执着的奖励吧。

在旅游市场起起落落的风云变化中，导游的待遇和从业环境也一落千丈，从过去令人羡慕的职业到后来相当一部分导游没有基本工资、没有社会保障，靠拿所谓的“佣金”和“小费”挣工资。

“这期间，多少同行离开了这个行业，我们三名特级导游中的一人也转了行。我还是坚持下来，就是因为我热爱这个职业。”孙学琦说。从导游到部门经理，到中心经理，再到公司副总经理，孙学琦的职业生涯始终没有离开旅游，没有离开西安国旅这片他最初选择的热土。

3. 导游要善于经营人际关系

一个导游最重要的职能是什么？孙学琦认为，作为一个职业导游，工作内容涉及的面更广，与翻译相比，导游不仅仅要具备出色的外语水平，丰富的历史知识，还需要具备良好的沟通协调能力。

导游在带团过程中与游客、领队、全陪、司机、酒店、餐厅、景点都有着非常密切的关系，必须要协调好各方面的关系才能保证整个行程顺利，让游客满意。因此导游要善于经营和维护各种关系，与大家真诚相处。

在长期的导游职业生涯中，孙学琦与许多外国领队建立了深厚的友谊。他说，在多年的相处中，这些领队不仅成为他的朋友，还建立了亲人般的感情。尽管已经多年不带团，但是只要他们来西安依然要求孙学琦亲自为他们做导游。孙学琦说，在如今旅行社经营高度市场化的情况下，导游带团更是牵扯着多方的利益，协调不好各种关系就会在中间环节上出现问题，最终损失的是游客利益和旅行社的声誉，导游对加强人际关系维护能力的培养尤为重要。

（资料来源：《中国旅游报》，2010年6月14日）

任务：通过学习特级导游员的事迹，谈谈你对导游成长的认识，并制定一份自己的职业规划表。

任务4 导游人员的职责

任务描述

旅游团食物中毒事件

高原旅行社组织旅游者前往昆明旅游。一天，地陪导游小王带领大家去本地一家旅游定点饭店用午餐，用餐结束后继续游览，当游览活动进行到一半时，有人出现不良反应，几十分钟后，恶心、呕吐的人越来越多。小王立即让司机开车将旅游团成员送到医院，对出现不良反应的旅游者进行紧急治疗。全陪导游小张马上打电话请示组团社，协助处理。经医院抢救后，有症状的旅游者全部脱离危险。经查，导致这次事故的主要原因是午餐食物中毒引起。饭店经理得到消息后，及时赶到医院探望旅游者，并垫付了部分医疗费。

（资料来源：中大网校《导游实务案例分析》）

讨论：1. 在该事件的处理过程中，导游人员的做法对吗？

2. 发生此类问题，地陪导游员和全陪导游员的职责分别是什么？

知识点拨

一、导游人员的基本职责

在我国，海外领队、全陪、地陪和景点景区导游人员统称导游人员。他们的工作各有侧重，所起的作用也不尽相同。根据当前我国旅游业发展的实际和各类导游人员的服务对象，导游人员的基本职责可概括如下：

1. 根据旅行社与游客签订的合同或约定，按照接待计划安排和组织游客参观、游览；

2. 负责向游客导游、讲解、介绍中国（地方）文化和旅游资源；

3. 配合和督促有关单位安排游客的交通、住宿等，保护游客的人身和财物安全；

4. 耐心解答游客的问询，协助处理旅途中遇到的问题；

5. 反映游客的意见和要求，协助安排游客会见、座谈等活动。

二、 海外领队、全陪、地陪和景点景区导游人员的职责

1. 海外领队的职责

海外领队是经国家旅游行政主管部门批准组织出境旅游的旅行社的代表，是出境旅游团的领导者和代言人。因此，海外领队在团结旅游团全体成员、组织游客完成旅游计划方面起着全陪、地陪往往难以起到的作用，其主要职责如下：

（1）介绍情况，全程陪同

出发前向旅游团介绍旅游目的地国家或地区的概况及注意事项；陪同旅游团进行全程游览活动。

（2）落实旅游合同

监督和配合旅游目的地国家或地区的全陪、地陪全面落实旅游合同，安排好旅游计划，组织好旅游活动。

（3）组织和团结工作

关心游客，做好旅游团的组织工作，维护旅游团内部的团结，调动游客的积极性，保证旅游活动顺利进行。

（4）联络工作

负责旅游团与旅游目的地国家和地区接待旅行社的联络与沟通，转达游客的意见、要求与建议乃至投诉，维护游客的合法权益，必要时出面帮助解决。

2. 全陪导游人员的职责

全陪导游人员是组团旅行社的代表，对所率领的旅游团（者）的旅游活动负有全责，因而在整个旅游活动中起主导作用，其主要职责如下：

（1）实施旅游接待计划

按照旅游合同或约定实施组团旅行社的接待计划，监督各地接待单位的执行情况和接待质量。

（2）联络工作

负责旅游过程中同组团旅行社和各地方接待旅行社的联络，做好行程中各站的衔接工作。

（3）组织协调工作

协调领队、地陪、司机等各方面接待人员之间的合作关系；配合、督促地方接待单位安排好旅游团（者）的食、住、行、游、购、娱等旅游活动；照顾好游客的旅行生活。

（4）维护安全，处理问题

维护游客在旅游过程中的人身和财物安全；处理好各类突发事件；转达或处理游客的意见、建议和要求。

（5）宣传、调研

耐心解答游客的问询；介绍当地文化和旅游资源；开展市场调研，协助开发、改进旅游产品的设计和市场促销。

3. 地陪导游人员的职责

地陪导游人员是接待旅行社的代表，是旅游接待计划在当地的执行者，是当地旅游活动的组织者。其主要职责如下：

（1）安排旅游活动

根据旅游接待计划，合理安排旅游团（者）在当地的旅游活动。

（2）做好接待准备

认真落实旅游团（者）在当地的接送服务和食、住、行、游、购、娱等服务；与全陪合作，做好当地旅游接待工作。

（3）导游讲解

负责旅游团（者）在当地参观游览中的导游讲解；解答游客的问题；积极介绍和传播当地文化等。

（4）维护安全

维护游客在当地旅游过程中的人身和财物安全，做好事故防范和安全保障。

情景体验

1. 小组讨论：按照业务范围划分，不同类型的导游人员其主要职责的区别是什么？请列表说明。

2. 请你根据所学知识判断：1号、2号、3号、4号分别是哪一类导游人员，并抽选角色进行情景模拟：

1号：大家好，我是一号导游胡萝卜，首先欢迎各位报团参与我们青岛海外旅行社组织的“新马泰十日游”。本次旅游我将全权代表旅行社带领大家出境参观游览新加坡、马来西亚和泰国。由于我们的旅程需要出境，程序相对比较烦琐，请大家提前做好准备，旅途中遇到问题请及时跟我沟通，以便我能够更好地服务！谢谢大家！

2号：各位朋友，大家好，我是大家本次“云南之旅”的导游：二号辣椒。首先代表青岛中旅全体员工欢迎大家参与本社组织的“云南之旅”，大家一路的行程我都会相伴，如有问题请尽管向我反映，我们将本着顾客第一的态度为您提供真诚的服务！也预祝我们本次旅游圆满愉快！

3号：各位游客，欢迎大家来到美丽的青岛观光旅游，我代表青岛神州旅行社的全体员工对大家的到来表示热烈的欢迎！大家一路辛苦了！做一下自我介绍，我是大家此次海滨之旅的导游员：三号玉米，大家在青岛这几天的行程将由我全权讲解、安排和负责。希望能得到各位的积极配合！愿大家在青岛玩得开心，吃得放心，游得省心！谢谢！

4号：朋友们，欢迎大家到青岛迎宾馆参观游览，我是迎宾馆讲解员4号西红柿，大家可以随着我的脚步和声音领略迎宾馆的魅力所在，感受其历史与风韵。游览中请注意脚下安全，我们的游览路线将按顺时针方向进行。请大家跟紧队伍！谢谢您的合作！

任务拓展

机智的全陪

1999年10月26日至28日，刘小姐在西安G旅行社担任全陪，旅游团是为期三天的赴延安—壶口瀑布游。该团成员较特殊，他们都是第四军医大学59级的毕业生，四十年前的校友刚在母校进行联谊活动。因年龄都偏大，在接团前，社里就一再叮嘱导游服务要细致。在整个旅游过程中，刘小姐尽量做到细致入微，但还是发生了一件小意外。旅游团共4辆车，在去壶口的途中，由于道路不通，改走其他路线。地陪不熟悉路线，有的车又先出发，因而在一个岔路口不得不停下来等其他车，这时客人表示不满，要求只等10分钟，10分钟后必须开车。此时气氛有点紧张，刘小姐就为客人主动表演节目，缓和气氛，同时组织大家唱陕北民歌。过了大约半个小时，其他车跟了上来，客人就没有责难。在后来的旅游活动中，刘小姐主动搀扶客人，并为他们做了一些力所能及的事，博得客人的好感，后来客人专门为社里送了一面锦旗。

请分析：全陪刘小姐为何能获得客人的好感？

假如你是一名全陪，在带团的过程中，合作的是一名新地陪，讲解不生动，处理问题缺少经验，客人颇有微词，你会怎么处理？

任务5 导游人员的职业素养

导游是旅游业的灵魂。它既是一种服务，又是一门专业和艺术。一名合格的导游人员应该具备良好的道德素质和精炼的业务素质，才能够真正在整个旅途中起好主导者作用，才能导演好旅游这场“大戏”。

任务描述

参观南京大屠杀纪念馆

一次，带学生去南京旅游，在参观南京大屠杀纪念馆时，班里有几个学生不太安静，还在讲话，当时南京地接导游的脸色一下子变得非常严肃。他说：“各位既然选择了到这儿来，那么就请尊重这些死难的人。”几个学生觉得导游太小题大做了，当即一个学生反问道：“那么请问导游你是不是南京人？”导游答道：“严格来讲，我不能算是真正的南京市人，而是从南京周边的县镇迁居过来的，现在几乎所有的南京人都算不上是真正的南京本地人，因为真正意义上的南京人已在南京大屠杀当中几乎被屠杀殆尽了。”听完导游的这一席话，所有人的神情都变得凝重，在接下来的参观中自始至终都没有一个人喧哗。参观完了以后导游还告诉我们：在南京，大部分日本团的行程当中都会有参观大屠杀纪念馆这一项，如果没有，只要时间允许，很多导游都会自己掏腰包加这个景点，免费让日本游客参观。

（资料来源：中大网校《导游实务案例分析》）

讨论：1. 请你谈谈对南京地接导游的看法？

2. 一名优秀的导游人员应具备怎样的素质？

知识点拨

一、政治素养

导游人员应具有爱国主义精神，在为旅游者提供热情服务的同时，自觉维护国家利益和民族尊严，遵纪守法。

热爱祖国是我国导游人员的首要条件。导游人员不仅是旅行社的代表，更是祖国的代表。导游人员的一言一行都与祖国息息相关，尤其是海外游客，他们更是通过导游人员的言行举止来观察、了解中国。导游人员向游客讲解的是祖国灿烂的文化、壮丽的河山、辉煌的成就和美好的未来，这些都充满着爱国主义情感。再者，祖国培育了导游人员，为导游人员创造了良好的工作环境和发挥自己智慧和才能的条件，导游人员所从事的工作是祖国整个事业的一部分。

遵纪守法是导游人员必须具备的政治素质，也是每个公民应尽的义务。导游人员应该树立高度的法纪观念，认真学习并模范遵守国家有关法律法规，遵守旅游行业规章，严格执行服务质量标准，严守国家机密和商业秘密，维护国家和旅行社的利益。

二、知识素养

导游人员的导游讲解和日常交谈，是旅游者获取知识的主要来源。因此，丰富的知识是做好导游工作的前提。导游人员应具有较广泛的基本知识，尤其是政治、经济、历史、地理以及国情、风土人情、民俗等方面的知识。

1. 语言文学知识

古人曰："工欲善其事，必先利其器。"导游员是靠嘴巴吃饭的，他们要"利"的"器"便是过硬的语言表达能力和扎实的语言功底。语言文学功底雄厚的导游员讲解起来会自然流畅、委婉动听，具有很强的吸引力。

2. 政策法规知识

政策法规知识是导游人员的必备知识，也是导游人员工作的指针，更是导游人员处理问题的锐利武器。导游人员应掌握的法律法规知识有旅行社及其经营方面的法律法规、导游人员方面的法规、消费者权益保护方面的法律法规、旅游服务质量方面的行业规章以及导游服务质量方面的国家标准和旅游行业标准等。

3. 旅游地理知识

这是导游讲解的主要素材之一，包括自然旅游资源的地理概貌、概况及其地理方面的相关知识等。

4. 旅游文化知识

中国悠久的历史孕育了灿烂的中华文化，主要包括：历史知识、宗教知识、文学艺术、古典园林、风物特产、民族民俗风情、禁忌习俗以及旅游资源知识等。

5. 心理学和美学知识

导游人员的工作对象不仅是形形色色的游客，还要与各旅游服务部门的工作人员打交道，导游工作集体三成员（全陪、地陪和领队）之间的相处有时也很复杂。导游人员是与人相处的工作，而且往往是与之短暂相处，因而掌握必要的心理学知识具有特殊的重要性。导游人员要随时了解游客的心理活动，有的放矢地做好导游讲解和旅途生活服务工作，有针对性地提供心理服务，从而使游客在心理上得到满足，在精神上获得享受。

旅游活动是一项综合性的审美活动。导游人员不仅要向游客传授知识，也要传递美的信息，让他们获得美的享受。一名合格的导游人员要懂得什么是美，知道美在何处，并善于用生动形象的语言向不同审美情趣的游客介绍美。

6. 政治、经济、社会知识

游客来自不同国家的不同社会阶层，他们中一些人往往对目的地的政治、经济建设和社会问题比较关注。导游人员要掌握相关的社会学知识，熟悉国家的社会、政治、经济体制，尤其是我国社会主义建设的巨大成就，特别是旅游地的经济建设成就等。

7. 旅行知识

导游人员应随时随地帮助游客解决旅行中的种种问题。因此，掌握必要的旅行知识对旅游活动的顺利进行显得十分重要。旅行知识有交通知识、通讯知识、货币保险知识、卫生防疫知识、旅游业知识等。

8. 国际知识

导游人员应掌握必要的国际知识，了解国际形势和各时期国际上的热点问题以及中国的外交政策和对有关国际问题的态度；要熟悉客源国或出游接待国的概况，知道其历史、地理、文化、民族、风土民情、宗教信仰、礼俗禁忌等。了解和熟悉这些情况不仅有利于导游人员有的放矢地提供导游服务，而且还能加强与游客的沟通。

三、技能素养

导游人员往往是一个人带领旅游团在外旅游，远离旅行社本部，远离所在城市，甚至走出国门。因此，导游人员应具备较强的组织、协调、应变等独立工作能力和语言表达能力。旅游行程的全面实施、团队气氛的调控、旅游讲解、与有关方面的联络沟通、交通票据的确认或落实、团队的生活服务、突发事件的处理等，都靠导游员随机处理。这就要求导游人员必须具备下列四项基本技能：

1. 独立执行政策和独立进行宣传讲解的能力

导游人员必须具有高度的政策观念和法制观念，要以国家有关政策和法律、法规指导自己的言行和工作；要严格执行旅行社的接待计划；要积极主动地讲解中国悠久灿烂的历史文化、现行的方针政策；回答游客的各种询问等。

2. 较强的组织协调能力和灵活的工作方法

导游人员接受任务后要安排落实旅游活动计划，带领全团人员游览好、生活好。这就要求导游人员具有一定的组织协调能力，在安排活动日程时有较强的针对性并留有余地，在组织各项具体活动时讲究方法并及时掌握变化着的客观情况，灵活地采取相应有效措施。

3. 善于与各种人打交道的能力

导游人员的工作对象广泛复杂，善于和各种人交往是导游员最重要的能力之一。掌握一定的公关知识并能熟练运用，具有灵活性和较强的理解能力并能适应不断变化着的环境，随机应变地处理问题，搞好各方面的关系，这都有利于提高导游服务质量。

4. 独立分析、解决问题、处理事故的能力

果断、沉着、正确地处理意外事故是导游人员最重要的能力之一。旅游活动中意外事故在所难免，能否妥善地处理事故是对导游员的一种严峻考验。临危不惧、头脑清醒、遇事不乱、处事果断、办事利索、积极主动、随机应变是导游员处理意外事故时应有的品质。

四、心理素养

导游人员的心理素质主要指导游人员不仅自身需要良好的意志品质，更要具备掌握和调节旅游者心理情绪的能力。要提高导游服务质量，必须向旅游者提供高质量的服务，更为重要的是提供有针对性的心理服务。为此导游员要了解旅游者及其心理活动和情绪变化，同时强化自身的心理承受能力。这就要求导游员具备良好的心理素质。

善于观察旅游者并敏锐地感知其不同的心理反应，及时调整导游讲解和相应服务，采取必要的措施，运用多变的手法，才能保证旅游活动的顺利进行。因此，导游员应有良好的观察能力和感知能力。

游客情绪高、游兴浓、精力充沛，旅游活动就有可能顺利达到预期目的。因此，调节旅游者情绪，保持并提高其游兴是对导游员的工作能力和导游才能的重要考验，也是导游活动成功与否的一个重要标志。

在带团过程中，怪事、难事、不顺利不顺心之事随时可能出现，导游人员只有始终保持精神饱满，才能服务好各种各样的旅游者。因此，导游员需要很强的心理调节能力和自制能力。

五、身体素养

导游工作是一项脑力劳动和体力劳动高度结合的工作，工作纷繁，量大面广，流动性强，体能消耗大，而且工作对象复杂。因此，导游人员必须有一个健康强壮的体魄。

情境体验

你适合做导游吗？

价值观是一种内心尺度，它凌驾于整个人性当中，支配着人的行为、态度、信念、理解等，支配着人认识世界、明白事物对自己的意义和自我了解、自我定向、自我设计等；也为人自认为正当的行为提供充足的理由。在此，探讨人们在职业选择和职业生活中，在众多的价值取向里，优先考虑哪种价值。

你认为适合自己的请选择“是”，不适合自己的选择“否”。

价值观	是	否
做事果断，认为即使有所损失，以后可以再挣回来		
认为协作十分重要，所以注意与对方合作		
对一个人的了解，始于他（她）的穿着打扮或居住条件		
认识一个人不能够仅从外表进行判断		
买汽车时会选择买全家能乘的大型汽车		
擅长于改变家室布局和修理东西		
不愿让任何其他人留在自己家中		
被周围的人认为有眼光，能推断将来的事		
与他人相处能够照顾到各个方面，被认为是个考虑周到的人		
比较客观，认为必须尊重他人的价值观		
时常自以为是，认为自己的想法比别人的都正确		
有事业心，店面虽小，也想自己经营		
乐于同独身生活的老人交谈		
认为学习在人的一生中有很重要的地位，有空闲就想学习充电		
愿意轻松地生活，讨厌忙忙碌碌		
备注：每题答“是”得1分，答“否”不得分。得分超过10分说明你可能具有成为一名导游的职业价值观。		

任务拓展

为了1054名游客的平安

8月8日九寨沟发生7级地震，牵动全国人民的心。山东旅游人在这场灾难面前不畏艰险，担当有为，全力保障游客生命安全，灾区的1054名山东游客全部安全撤离，“零伤亡”，“零投诉”，受到社会各界好评。在这场突如其来的灾难面前，有一位全陪导游临危不乱，坚守岗位，用自身职业素养保护了游客。

地震当晚，菏泽康辉旅行社导游朱相通正在宾馆大堂准备第二天的行程，客人们已经吃完饭上楼休息。突然，朱导感到一阵天旋地转，身边物件剧烈晃动，“地震了！”朱相通脑中马上出现了这个可怕的字眼。经历地震让1994年出生的朱导心里“怦怦”直跳。但想到自己的身份——全陪导游，身后有30位客人，他立刻努力克服内心的恐慌，抓紧时间，通过微信、电话等方式与每名游客联系。得知大家都安全后，又在第一时间与组团社菏泽康辉旅行社负责人和四川当地地接社分别报告，沟通情况。

为避免余震次生灾害，朱相通联系大巴车司机把车开到宾馆附近，安排大家上车休息。当时室外气温低，他又安抚游客，待大家情绪稍微平复之后，了解到不太会有大的余震发生，让大家回宾馆房间休息，并嘱托不要脱衣，以便在危急时刻及时逃生。他自己则一直处于警戒状态。一位游客说，在这次九寨沟地震中，导游就像在大海上遇险的航船上那位最后离开的船长。

（资料来源：《中国旅游报》，2017年9月11日）

请分析：结合导游员朱相通的事迹，谈一谈自己对导游员职业素养的认识。

项目回顾

1. 通过本环节学习，掌握所学内容，进一步认识导游服务和导游人员的基本要求。

2. 分组讨论概括本任务的主要知识点，交流学习心得。

项目二

导游服务规程

项目导读

本模块围绕“地陪导游服务、全陪导游服务、景点（区）导游服务、出境领队服务”四个任务开展教学活动，让学生对导游服务工作流程、服务规范有基本的了解，掌握导游服务中程序的应用，提高导游服务技能，使学生将所学知识与导游实践完美结合，实现知识到能力的转化。

教学建议

1．在日常教学活动中，利用学校多功能实训教室，设计实践教学情景，进行室内仿真模拟导游实训。

2．邀请本校导游专业优秀毕业生进行实地示范导游，学生观摩学习，感受导游风采。

3．组织学生到市内景点进行实地导游演练，教师现场指导与点评，提升导游服务规范的能力。

学习目标

1．地陪、全陪、景点（区）导游、出境领队导游服务各阶段的工作流程。

2．地陪、全陪、景点（区）导游、出境领队导游服务各阶段的服务标准。

3．地陪、全陪、景点（区）导游、出境领队导游服务技巧。

读一读

雾雨峡谷

最是怕那骤至的暴雨，在我们毫无防备中不期而至，在大叠水瀑布深处，它来得那么快，那么惊天动地。

香港KHW-20040716团，这个由部分老人和孩子组成的旅游团，立即被打得七零八落，东躲西藏。在浓浓的雨雾中，我的眼镜被水雾遮得什么也看不见了，作为必须负责好大家安全的领队，我急得团团转。雾雨中的我眼前一亮，一个红色的身影正跑前跑后招呼大家，她甜美清凉的声音穿过雨雾："大家不要怕，请穿好雨衣，随我到前面集中！"导游员小鹃不知从哪里弄来那么多雨衣，正一件一件地分发给大家。

在小鹃的镇定召集下，失散的团友终于又集合到了一起，我们清点了一下人数，一个也不少，我悬着的心才算放了下来。"不要紧的啦，我们云南的雨就是这样子的，说来就来，这是我事先准备好的雨衣，请大家穿好，等雨稍小后继续游览。""贵人出门风雨多，雨中看瀑布才更壮观。"小鹃不停地说笑着，气氛轻松，关切地问候着每一位团友。

雨更大了，仿佛浓缩了一个夏天的雨打算在这时统统泼完一样。大峡谷的瀑布仿佛也不甘示弱似的在我们脚下几十米的深谷里发出震耳欲聋的轰鸣声，将那满谷飞溅如烟的雾水冲天托起。我们站在谷口，很难看清方向和道路，身子如大海中的小舟起伏颠簸着，行动变得十分艰难，只有小鹃仍如不知疲倦地像小鸟一样轻盈地跑前跑后，照顾着大家，在暴雨的肆虐中不时传来她清亮甜美的声音，"小心啊，小朋友拉好手牵着我，看清脚下"。

看来雨一时半时小不了，经过大家商量决定：兵分两路，年老体弱的和孩子由我带领原路返回到前面的餐厅避雨，另一路由小鹃带领继续前行游完全程。

看着小鹃带着其余团员渐渐消失在谷底雨雾中的身影，我被深深地感动了。在小鹃的信心和勇气的感染下，我带着老人和孩子们手牵手慢慢前行，顺利返回预定地点。安顿好大家后，我立即前往协助小鹃。看着瀑布下游的河流，我看见小鹃正带领大家从小路的另一端走来，雨水打湿了她的长发，浑身沾满了泥水，只有眼睛还是那么明亮动人，站定后我发现少了两个人，小鹃让我先带大家去餐厅休息，她一头又返回去寻找那两位掉队的团友，客人们纷纷议道："一个多好的导游！"

走失的团友找回来了，当大家坐上返回的汽车后，小鹃忽闪着明亮的大眼，开心地逗趣道："哇，大家都好棒唉，变成大叠水的落汤鸡了。"客人们也笑道："哇，你这个小落汤鸡也不错呀！"小鹃红着脸说："别看我，我很难看的！"在大家的笑声里她低下了头，显得那么娇羞动人。

旅程结束了，对导游员小鹃美好的印象，和那壮观的雾雨峡谷、瀑布，已深深地留在了我和团友们的记忆中。

（资料来源：蒋文中主编：《导游部操作实务》，旅游教育出版社，2006年版）

点评：这是一篇真实的导游手记，简述了导游本人在一次天气突变中带团经历，其中充满了对地陪小鹃的赞扬和肯定，从中我们看到千万个中国导游员平凡而又崇高敬业的职业素养。通过在一次暴雨突袭中特殊带团场景，反映了一名导游员真实的带团工作，它包括了导游员的岗位职责和敢于承担责任、灵活处理问题和解决问题的应变能力，反映了一名导游员应具备的工作水平和素养。通过这个例子，能帮助我们更好地去认识导游和导游工作。

任务1　地陪导游服务

地陪导游服务是指地方导游员在当地接待旅游团时应遵循的服务程序和服务标准。游客是否满意、接待计划能否圆满实施在很大程度上取决于各地的地陪导游服务。

任务描述

一名吃得开的导游

导游小王可谓是一名公关能力很强的人，每次带团都能跟客人打成一片，与全陪、司机相处也十分融洽。不仅如此，他总有办法与酒店、景点、餐厅、娱乐场所等接待单位的工作人员合作得十分愉快，别人办不到的事情，他总能易如反掌。如在旅游旺季，各接待单位人满为患，让客人排队等候甚至抢饭抢菜也常有发生，每个团队都要赶行程争时间，加上因拥挤而导致服务质量下降，常常弄得客人不满和投诉。对此，导游常常感到力不从心和无可奈何，一谈到旺季带团，总是心有余悸，对那些定点接待单位只有抱怨。然而小王却不怕，哪怕黄金周接待高峰，他的团也能按质按量按时入住饭店、用餐及娱乐，他带团不管到哪里都会受到快捷而良好的服务，这就充分保障了他的带团接待质量，并由此受到客人的欢迎，旅行社对他也十分信任，所以他上团的次数也比别的导游多，成为一名大家都钦佩的导游员。

（资料来源：蒋文中主编《导游部操作实务》，旅游教育出版社，2006年版）

讨论：1. 地接导游小王每次都能顺利圆满、保质保量地完成接待任务，他是怎么做到的?

2. 地接导游不仅是一个旅游团中最核心的人物，更是全团游客的核心。地陪责任重大。请你谈谈如何才能成为一名优秀的地接导游员呢?

知识点拨

地方陪同导游人员，简称地陪，也称地接导游（简称地接），是指受当地接待旅行社委派，代表接待社实施接待计划，为旅游团提供当地旅游活动安排、讲解、翻译等服务的工作人员。地陪是旅游计划的直接执行者，对确保旅游计划的顺利实施起着关键作用。地陪导游服务的流程如下：

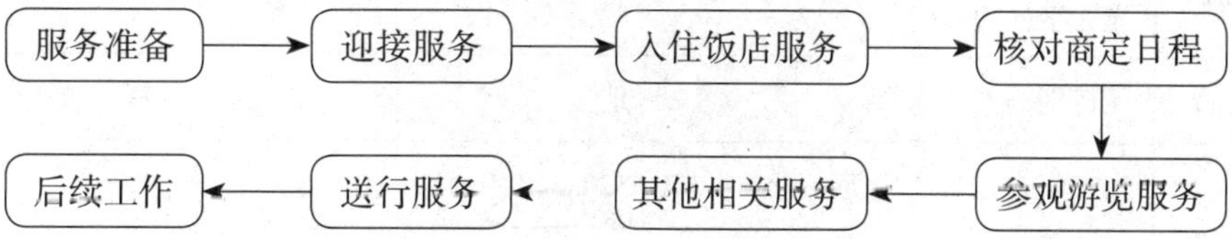

地陪导游服务流程

一、服务准备

做好接团前的准备工作，是地陪导游人员提供优质服务的重要前提。

1. 熟悉接待计划

接待计划是组团社委托各地方接待社组织落实旅游团活动的契约性安排，是导游人员了解该团基本情况和安排活动日程的主要依据。地陪应在旅游团抵达之前认真阅读接待计划和有关资料，详细、准确地了解该旅游团的服务项目和要求，掌握其重点和特点，应熟知以下内容。

（1）计划签发的组团社名称、联络人姓名及电话号码。

（2）旅游团及团员的基本情况：

组团社名称，相关联络人及联络方式，国别，导游语言要求，旅游团名称或团号，收费标准和费用结算方式等。

旅游团人数及团员的姓名、性别、年龄、护照或身份证号码、职业及宗教信仰等。

（3）旅游线路和乘坐交通工具的情况：该团的全程路线，入出境地点和乘坐交通工具的情况等。

（4）旅游团的交通票据情况：前往下一站的交通票据是否定妥，有无变更及更改的情况，有无返程票。

（5）特殊要求及注意事项：该团在用餐、住房、用车、游览等方面是否有特殊的要求；是否有重要任务需要迎送、会见、宴请等；该团是否有老弱病残及婴幼儿等需要特殊照顾的游客；该团有无需要办理通行证地区的参观游览项目等事项。

表2–1　　旅行社接待计划书

<table>
<tr><td>组团单位</td><td>上海宾宁国际旅行社</td><td>团号</td><td>SH0103X46</td><td>用房</td><td>2大+14标</td></tr>
<tr><td>人数</td><td>人数：32+1，28成+4童</td><td colspan="2">组团社计调</td><td colspan="2">吴X：137********</td></tr>
<tr><td>接团标志</td><td>绿底紫字“青岛风光”字样旗</td><td colspan="2">全陪</td><td colspan="2">胡XX：137********</td></tr>
<tr><td>宗教信仰</td><td>无特别需要，汉族</td><td colspan="2">地接</td><td colspan="2">刘XX：130********</td></tr>
<tr><td rowspan="2">抵离时间</td><td colspan="5">2017年7月2日（上海—青岛）MU5529，（09：05—10：35）</td></tr>
<tr><td colspan="5">2017年7月6日（烟台—上海）MU5264，（18：45—20：45）</td></tr>
<tr><td rowspan="2">行程</td><td colspan="3">活动内容</td><td>用餐情况</td><td>住宿</td></tr>
<tr><td colspan="3">7月2日：上海—青岛
青岛机场接团，乘车赴青岛市区，游览【栈桥】游览极具特色的百年老街里——劈柴院。【迎宾馆】，游览【青岛啤酒博物馆】，乘坐游船，【海上环城】从海上看青岛沿海美景，途径2008年奥运比赛场地——【奥帆广场】，后入住酒店。</td><td>早餐：无
中餐：脂渣特色餐
晚餐：自理</td><td>青岛王朝大酒店</td></tr>
</table>

续 表

组团单位	上海宾宁国际旅行社	团号	SH0103X46	用房	2大+14标
行程	7月3日：青岛—威海 早餐后，乘车赴崂山风景名胜区，游览海上第一名山——【崂山】，【太清宫】。中餐后，乘车赴花园城市威海（车程约4.5小时)，晚餐后观看大型实景演出【神游华夏】。			早餐：酒店自助 中餐：崂山农家宴 晚餐：威海韩国料理	青岛王朝大酒店
	7月4日：威海—烟台 早餐后，乘船前往【刘公岛】逛大型韩国服装集散地【韩国服装城】，午餐后车赴烟台（约1.5小时车程）游览【烟台山景区】（游览时间：50分钟），晚餐后入住酒店休息。			早餐：酒店自助 中餐：威海桌餐 晚餐：烟台饺子宴	烟台南山皇冠酒店
	7月5日：烟台—蓬莱—上海 早餐后，乘车赴蓬莱（约1.5小时），游览【蓬莱阁】，午餐后游览【八仙雕塑广场】，乘车赴蓬莱机场（车程均 1 小时），返回上海温馨的家，结束愉快旅程。			早餐：酒店自助 中餐：蓬莱海鲜宴 晚餐：飞机餐	无
备注	1. 上海外资企业团队，系列团第一批。 2. 有一位伊斯兰教信仰的客人，请注意尊重习俗，用餐此客人自理。				
地接社	青岛 × × 国际旅行社	团队等级		贵宾团	
车号	鲁B 12XXX	司机		韩司机电话：186********	
交通票	客人自备	返程交通联系人		全陪	

2．落实接待事宜

（1）落实接待计划

核实接待计划中的日程安排，对日程安排中的日期、出发时间、游览项目、就餐地点、风味品尝、购物、晚间活动、自由活动时间以及会见等其他特殊项目逐一核对落实。如发现有不妥之处及时与本社人员联系，问明情况，并做必要修改。

（2）落实接待车辆

地陪应与旅游汽车公司或车队联系，确认为该团在本地提供交通服务的车辆的车型、车牌号和司机姓名及联络方式。接大型旅游团时，车上应贴编号或醒目的标记。

（3）落实住房及用餐

地陪应熟悉旅游团所住饭店的位置、概况、服务设施及服务项目，核实该团客人所住房间的数目、级别以及是否含早餐等事宜。告知饭店旅游团抵店时间。地陪还应提前与各有关餐厅联系，确认该团日程表上安排的每一次用餐情况。

（4）落实相关单位和人员的联络方式

地陪应备齐并随身携带有关旅行社相关部门、沿途餐厅、入住饭店、车队、组团人员和其他导游员的联络方式。

（5）了解不熟悉景点的情况

对新的旅游景点或不熟悉的旅游景点，地陪导游人员要提前了解情况，如具体方位、开放时间、最佳游览路线、厕所位置等。对于一些特别的旅游项目，如文娱表演、野营活动等，更要清楚其活动要求和注意事项。

（6）与全陪取得联系

地陪应和全陪提前约定接团的时间、地点，防止漏接或空接事故的发生。

3. 语言和知识准备

地陪应根据旅游接待计划和旅游团的特点准备相应的讲解知识。

（1）做好语言翻译、导游准备工作；

（2）接待专业团队要提前了解相关专业知识；

（3）热门话题、重大新闻和兴趣话题准备；

（4）客源国家（地区）有关知识。

4. 形象准备

导游人员的形象，不仅代表着个人形象，而且代表着旅游目的地和旅游企业的形象。因此，导游上团前应做好仪容、仪表方面的准备。

（1）着装符合导游人员身份，方便导游服务工作。

（2）衣着简洁、大方、自然，佩戴首饰要适度。不能化浓妆，不用味道太浓的香水。

（3）头发保持清洁、整齐。

5. 心理准备

地陪需要具备良好的心理素质，尤其是在出团前，要善于控制自己的情绪，放松自己，把自己的情绪调整到最佳状态，并做好面临艰苦而复杂的工作与随时承受抱怨和投诉的心理准备。

6. 物质准备

上团前，地陪应做好必要的物质准备。

（1）带好接待计划、身份证、导游证等相关证件。

（2）导游旗、扩音器、接站牌、必要的票据、资金、结算凭证等工作物品。

（3）卫生用品、记事本、手机及充电器、创可贴等个人生活用品和应急物品。

二、迎接服务

迎接服务是指地陪提前半小时到达机场、车站、码头迎接旅游团所提供的各种服务，它在导游服务中至关重要。因为这是地陪导游人员在旅游者面前的首次亮相。应及时、热情、友好，以便给旅游者留下美好的第一印象。

1. 旅游团抵达前的服务安排

（1）确认旅游团抵达的准确时间

接团当天，地陪应向机场（车站、码头）问讯处问清飞机（火车、轮船）到达的准确时间。一般情况下，应在飞机预定的抵达时间前2小时，火车、轮船预订的抵达时间前1小时向问讯处询问。

（2）与旅游车司机联络

确认旅游团乘坐的交通工具到达的时间后，地陪与旅游车司机联系，商定见面地点及出发时间，确保提前半小时抵达接站地点。

（3）再次核实旅游团抵达的准确时间

地陪在抵达接站地点后，应再次核实旅游团抵达的准确时间。

（4）与行李员联系

若为旅游团配备了行李车和行李员，地陪应提前与行李员取得联系，告知该团行李送往的地点。

（5）持接站牌迎候旅游团

旅游团所乘飞机（火车、轮船）抵达后，地陪应持导游旗或接站牌站立在出站口醒目位置，热情迎候旅游团。接站牌应写清团名、团号、领队或全陪姓名；接小型旅游团或无领队、无全陪的旅游团时，要写上客人的姓名。

2. 旅游团抵达后的服务

（1）认找旅游团

旅游团队出站时，导游员应尽量站在出口醒目的位置，高举导游旗或接站牌以便旅游团前来联系，同时地陪也应根据游客的民族特征、衣着、组团社的徽记等情况主动地认找旅游团。

（2）核实旅游团情况

为避免出现错接事故，地陪在找到旅游团后，应立即与全陪、领队或旅游团负责人核实对方旅行社名称、团号、领队、全陪姓名以及实到人数，如果出现与计划不符，应立即通知接待旅行社的有关部门和负责人，并做出相应调整。如该团无领队和全陪，应与旅游团成员核实团名、人数及团员姓名。

（3）集中清点行李

协助游客将行李集中安放在安全的位置，提醒游客检查各自的行李物品是否完整无损。清点行李时若发现行李未到或破损，导游员应协助当事人到机场登记处或其他有关部门办理行李丢失或赔偿申报手续。

若配备了行李车，地陪应与全陪、领队、行李员共同清点，核对行李件数无误后，移交给接待社行李员，双方办好交接手续。

（4）集合登车

提醒客人带好随身行李物品，引导游客前往乘车处，并给客人以必要的帮助。游客上车时，导游员应微笑站在车门旁，搀扶或协助游客上车。上车后，地陪应协助全陪、领队安排游客就座，并安置好随身行李。待游客全部坐稳后，先检查一下行李架上的物品是否放好，再礼貌地清点人数。最后请司机开车，并再次提醒游客坐稳。

3. 赴饭店途中的服务

赴饭店途中的服务是地陪对游客进行的第一次讲解，除了要热情友好之外，还应展现自身的职业素养，从而赢得游客的信赖，给游客留下良好的第一印象。

（1）致欢迎辞

车辆启动后，地陪应站在旅游车前部，面带微笑地正对全体游客致欢迎词。欢迎词一般控制在5分钟左右，主要内容有：

① 代表地接社、本人及司机对旅游团表示欢迎；

② 对旅行社、本人做简要介绍；

③ 介绍旅游车司机；

④ 表示提供服务的诚挚愿望并期待游客的配合；

⑤ 祝愿旅游愉快、顺利。

（2）调整时间

接待入境旅游团时，地陪在致完欢迎辞后，要介绍两国的时差，提醒游客调整时间。

（3）首次沿途导游

首次沿途导游是显示导游员的知识、技能和工作能力的大好机会，精彩成功的首次沿途导游会使游客产生信任感和满足感，在游客的心目中留下良好的第一印象。

① 沿途风光导游

地陪进行沿途讲解，要灵活掌握讲解内容，内容应简洁明了，语言节奏明快清晰，景物取舍得当、随机应变。

② 本地概况介绍

地陪应抓住时机向旅游者介绍本地概况，包括地理位置、历史沿革、人口状况、行政区划、气候、人口、文化传统、风俗习惯、主要物产等。

③ 介绍下榻饭店

在抵达饭店前，地陪应向游客介绍下榻饭店的基本情况：包括名称、位置、星级、规模、距机场（车站、码头）的距离、主要设施和设备及使用方法、入住手续及注意事项等。

④ 宣布集合事宜及停车地点

地陪应在游客下车前，宣布下一步活动安排，讲清集合时间、地点及停车地点，并提醒游客记住旅游车的颜色、车型及车牌号码，下车请带好行李和随身物品等。

三、入住饭店服务

1．协助办理入住手续

（1）地陪带领游客抵达饭店后，要协助全陪、领队办理住店登记手续；

（2）地陪负责向饭店交纳住宿押金，领取住房卡；

（3）地陪协助全陪或领队分房，请全陪或领队分发住房卡；

（4）地陪要掌握全陪、领队和团员的房间号，并将自己的联系方法（包括联系电话、自己在饭店的房间号等）告诉全陪和领队，以便有事时尽快联系。

（5）向客人介绍饭店设施包括：中西餐厅、娱乐场所、商品部、公共洗手间、医务室、ATM机、外币兑换等，并讲清住店的注意事项，如寄存贵重物品、房间内哪些物品属于有偿使用以及电话的使用方法和话费自理等。

（6）照顾游客入住，督促行李进房。客人和行李进入房间后，地陪应巡视一遍，若发现问题及时协助解决。

2. 带领旅游团用好第一餐

（1）餐前交代

游客在进入房间之前，地陪要向他们介绍饭店的就餐形式、地点、时间以及餐饮的有关规定（如是否含酒水等）。

（2）餐中服务

待全体团员到齐后，引领客人进入餐厅就座，并将全陪或领队介绍给餐厅经理或主管，告知旅游团的特殊要求。用餐时，地陪还要主动查看就餐情况，监督餐厅按标准上餐，同时征询客人的意见和建议，出现问题及时解决。

3. 宣布当日或次日活动

地陪在宣布当日或次日活动之前，应当先与全陪和领队商量，达成一致。

地陪应向全体游客宣布有关当天和第二天的活动安排、集合时间和地点，提醒游客做好必要的游览准备。

4. 确定叫早时间

地陪在结束当天活动离开饭店之前，应与全陪、领队一起商定第二天的叫早时间，并请领队将时间通知全团，地陪则负责将叫早时间通知饭店总服务台，办理叫早手续。

四、核对商定日程

核对、商定活动日程是旅游团抵达后的一项重要工作，标志着两国（两地）间导游人员合作的开始。

表2–2　　旅游活动安排

活动内容	用餐情况	住宿
7月2日：上海—青岛 青岛机场接团，乘车赴青岛市区，游览【栈桥】游览极具特色的百年老街里——劈柴院。【迎宾馆】，游览【青岛啤酒博物馆】，乘坐游船，【海上环城】，从海上看青岛沿海美景，途径2008年奥运比赛场地——【奥帆广场】后入住酒店。	早餐：无 中餐：脂渣特色餐 晚餐：自理	青岛王朝大酒店

续 表

活动内容	用餐情况	住宿
7月3日：青岛—威海 早餐后，乘车赴崂山风景名胜区，游览海上第一名山——【崂山】，【太清宫】。中餐后，乘车赴花园城市威海（车程约4.5小时)，晚餐后观看大型实景演出【神游华夏】。	早餐：酒店自助 中餐：崂山农家宴 晚餐：威海韩国料理	青岛王朝大酒店
7月4日：威海—烟台 早餐后，乘船前往【刘公岛】逛大型韩国服装集散地【韩国服装城】，午餐后车赴烟台（约1.5小时车程）游览【烟台山景区】（游览时间：50分钟），晚餐后入住酒店休息。	早餐：酒店自助 中餐：威海桌餐 晚餐：烟台饺子宴	烟台南山皇冠酒店
7月5日：烟台—蓬莱—上海 早餐后，乘车赴蓬莱（约1.5小时），游览【蓬莱阁】，午餐后游览【八仙雕塑广场】，乘车赴蓬莱机场（车程均1小时），返回上海温馨的家，结束愉快旅程。	早餐：酒店自助 中餐：蓬莱海鲜宴 晚餐：飞机餐	无

1. 核对、商定活动日程

地陪接到旅游团后应尽快与全陪、领队核对、商定日程安排，商定日程的时间可以在旅游团抵达的当天游览活动开始前。如果地陪、全陪或领队在核对日程过程中，发现有任何差异，一定要尽快找出原因，分清责任，达成一致意见。

2. 将商定结果通知游客

商定完毕，地陪应立即将商定结果通知全体游客，也可以请全陪或领队通知游客。

3. 慎重对待领队、全陪或游客的修改意见

（1）对方提出修改或新增旅游项目

地陪要及时向旅行社有关部门反映情况，对游客合理且可能满足的要求应尽力予以安排。新增旅游项目如需增加费用，地陪应事先向全陪、领队或游客说明并按规定收取费用。对于无法满足的要求，要详细解释，耐心说服。

（2）对方提出与原日程不符且涉及接待规格的要求

对方提出与原日程不符且涉及接待规格的要求时，地陪一般应婉言拒绝，并向对方说明我方不能单方面违反合同。如果有特殊理由，并且是由领队提出时，地陪必须请示旅行社有关部门并按旅行社的指示办理。

（3）与全陪或领队手中的接待计划有出入

地陪如发现与全陪、领队手中的接待计划有出入时，首先要向旅行社报告，查明原因，分清责任。如是接待方的责任，地陪应实事求是地说明情况，并向全陪、领队和游客致歉，及时纠正。

五、参观游览服务

参观游览活动是地陪服务工作的中心环节，是整个旅游活动的核心。因此地陪带团参观游览前应认真准备、精心安排，在参观游览过程中热情服务、主动讲解，使游客能够详细了解参观游览对象的历史背景、景观特色、艺术价值、形成原因及游客感兴趣的其他问题，确保旅游团参观游览过程的安全、顺利。

1. 出发前的准备工作

（1）准备好导游旗、胸卡和必要的票证。

（2）与就餐餐馆协调，核实餐饮落实情况。

（3）地陪要提前10分钟到达集合地点，迎候游客。

（4）督促司机做好行车准备工作。

（5）核实、清点实到人数。

游客到达集合地点后，地陪不要急着招呼游客上车，应先清点人数。若有游客未到，地陪要尽快向全陪、领队或其他游客问明原因，设法找到；若有游客自愿留在饭店或不随团活动，地陪要问清情况妥善安排，必要时报告饭店有关部门。

（6）提醒游客注意事项

出发前，地陪应向游客预报当日天气，讲清游览的地形、行走线路的长短等情况。必要时，提醒游客带好衣服、雨具，换上舒适的鞋，并提醒遵守当地的习俗或规定。

（7）组织集合登车

游客到达集合地点后，地陪应站在车门一侧，一面热情招呼大家上车，一面扶助老弱者登车。登车完毕，再次清点人数，然后请司机开车。

2. 赴景点途中的服务

（1）重申当日活动安排

开车后，地陪应重申当天的旅游活动安排，包括用餐安排、到达景点所需的时间和当日旅游活动中的注意事项。视情况介绍当天国内外重要新闻或当地重大新闻事件等。

（2）沿途风光导游讲解

在前往景点的途中，地陪要向游客介绍本地的历史沿革、经济发展、风土人情、沿途风光，回答游客提出的问题。

（3）介绍游览景点

在快要到达下一个景点前，地陪要简明扼要地介绍景点概况，包括历史沿革、形成原因、景观特色、艺术价值、逸闻趣事等，目的是激起游客游览景点的兴趣，同时也节省在景点的讲解时间。

（4）活跃车内气氛

如果前往下一个景点旅途较长，地陪可以根据游客的层次就大家感兴趣的话题进行讨论，也可以组织一些娱乐活动以活跃气氛。途中的娱乐活动包括：讲故事、说笑话、猜谜语、做游戏、脑筋急转弯、玩小魔术、播放光碟以及带领游客唱歌、学绕口令、学方言等。

（5）抵达景点前的提醒工作

旅游车进入景点后，在游客下车前，地陪要向游客说明该景点的停留时间以及参观游览结束后的集合时间和地点，要提醒游客记住旅游车的颜色、标识和车牌号，最后提醒游客带好随身物品并关好车窗。

3. 景点导游服务

（1）交代游览注意事项

在景点示意图前，地陪应向游客介绍该景点的游览路线、游览时间、集合时间及地点，交代参观游览过程中的有关注意事项，提醒游客注意人身和财产安全并预防走失。讲清游览过程中的注意事项，如禁烟、不能拍照及其他注意事项。

（2）游览中的导游、讲解

抵达景点后，地陪的主要工作就是带领旅游团沿着旅游路线对所见的景物进行导游和讲解。

在景点导游的过程中，地陪应讲解的景点内容一般包括：该景点的历史背景、特色、地位、价值等方面。地陪在讲解景点时，要把握因人而异、简繁适度、准确无误的原则，使讲解的内容生动、形象、易懂。并保证在计划的时间与费用内，使游客能充分地游览、观赏，做到讲解与引导游览相结合，适当集合与分散相结合，劳逸适度，并应特别关照老弱病残的游客。

（3）留意游客动向

在参观游览景点的过程中，地陪要随时留意游客的动向，观察周围环境的变化，和全陪、领队密切配合并随时清点人数，防止游客走失和意外事故的发生。

4. 参观活动中的导游服务

参观也是旅游活动的重要组成部分，有助于游客对当地人民生活方式的了解。

（1）参观前的准备工作

① 地陪要问清具体人数，弄清参观时间和内容。

② 提前联络，落实专门接待人员。

③ 了解宾主之间是否有礼品赠送。若赠送外宾的是应税商品，则要提醒有关人员提供发票和完税证明，以备游客出关时海关查验。

（2）参观时的导游、翻译工作

到达参观点后，地陪要立即联系接待人员，并向游客介绍，提醒游客参观时的注意事项。参观时，地陪的主要工作是翻译。翻译力求准确、传神，介绍者若有语言不妥之处，地陪应予以提醒，请其纠正。如果来不及纠正，则可以改译或不译，但事后要向接待方说明。必要时还要把好关，以免泄露有价值的经济情报。

5. 返程途中的工作

（1）当天活动回顾

回顾当天参观游览的内容，对当日的参观游览做简要总结，回答游客的询问，对游客特别感兴趣的内容可做补充讲解。

（2）沿途风光导游

如果是从原路返回，地陪可以对沿途风光做补遗讲解；若不从原路返回，则应做沿途风光导游讲解。如果发现游客显得疲惫，地陪在简单回顾当天活动内容后，让游客休息。

（3）宣布次日或当晚活动安排

返回饭店下车前，地陪向全体游客预报晚餐时间、地点和次日的活动安排、出发时间和集合地点等；提醒游客带好随身物品，然后下车时在车门口恭送游客。

（4）提醒注意事项

若游客返回酒店后要外出自由活动，地陪要提醒游客注意安全，最好结伴而行并带上饭店的地址和电话号码以防迷路。

六、旅游活动中的其他相关服务

1. 娱乐活动

（1）计划内的娱乐活动

地陪必须陪同前往并始终坚守岗位。要向游客介绍节目内容及其特点；要引导游客入座，并介绍剧场设施（如休息室、吸烟室、卫生间等的位置）；在观看节目的过程中，地陪要主动与全陪、领队配合，密切注意游客动向和周围环境，提醒游客不要走散，以防不测。

（2）计划外的娱乐活动

地陪可协助游客购票，费用自理，并告知演出时间、地点和注意事项，但一般不陪同前往。对于低俗、不健康的文娱节目，地陪应予以劝阻。

2. 社交活动

（1）会见

游客（主要是专业旅游团的游客）会见同行或负责人以及海外游客会见在华亲友，地陪可做必要帮助。若是前者，必要时地陪可充当翻译。若是重要会见，一般有专职翻译，地陪则应在一旁认真倾听，做好记录，起协助作用。若是后者，要事先了解会见时是否有互赠礼品，礼品若是应税物品，地陪应提醒接待方办妥必要的手续。一般情况下没有充当翻译的义务。

（2）宴请和品尝风味餐

① 宴请活动

主要包括宴会、冷餐会、酒会和品尝风味餐等。地陪带领旅游团参加宴请活动要准时，服饰要整洁大方，注意礼节。地陪要做的具体工作是介绍宾主双方，当好翻译。翻译时要注意气氛，不要一边翻译一边吃东西或抽烟。

② 品尝风味餐

品尝具有地方特色的风味餐，是游客在旅游过程中经常参加的自由活动项目。不管是地陪陪同游客品尝计划内风味餐，还是被邀请参加计划外风味餐，地陪的作用主要是向游客介绍餐馆的历史、特点、名气、菜肴名称、特色、吃法、制作方法及著名菜肴的来历等，切忌反客为主、主动敬酒、夹菜给客人或对菜肴评头品足。

（3）舞会

舞会包括由单位组织的社交性舞会，也有游客自己购票的舞会，前者地陪一般应陪同前往。后者地陪可代为购票，是否参加自便，无陪舞的义务。

3. 餐饮服务

对于合同中安排的旅游团用餐，应严格按照合同规定予以落实，用餐地点、时间、人数、标准、形式、菜品搭配以及特殊要求等要逐一核实并确认。

（1）用餐前

地陪要事先了解团队用餐的位置，待游客抵达餐馆后，带领游客入座。介绍餐厅的有关设施、菜肴特色、酒水的类别等，告知餐饮标准所含范围与自费项目，并向领队告知全陪和地陪的用餐地点，并告知用餐后全团的出发时间。

（2）用餐中

用餐过程中，地陪要等上了2～3道菜后方可离开，中途起码还要巡视两次，解答游客在用餐中提出的问题，监督、检查餐馆是否按标准提供服务，解决可能出现的问题。

（3）用餐后

用餐完毕，地陪要严格按照实际用餐人数、标准和饮用酒水数量，如实填写“餐饮费结算单”与餐厅结账。

4. 购物服务

购物是旅游者的一项重要活动，也是增加旅游目的地收入的一条重要渠道。

（1）正确引导购物

地陪要严格按照《旅游法》规定来操作，根据接待计划规定的次数、场所和时间安排游客购物；不擅自增加购物次数和延长停留时间，更不能强迫游客购物；真实客观地向游客介绍商品特色及选购方法。

（2）文物、中药材等的购买

游客购买古玩、艺术品等文物时，地陪应带其到文物商店购买，并及时提醒其保存发票，不要将物品上的火漆印去掉，以便海关查验。购买中药材、中成药时，要到质量可靠、有信誉的大药店消费。导游员应告知我国海关的有关规定，海关凭有关发票单和外汇兑换水单放行。麝香、犀牛角和虎骨及超出规定限值的中药材、中成药不准出境。

七、送行服务

送行服务是旅游团接待工作的最后阶段。地陪必须善始善终，以饱满的热情和良好的精神状态做好最后阶段的服务，使游客顺利、安全地离开。

1. 送团前的服务

（1）核实、确认交通票据

旅游团离开本地的前一天，地陪应认真做好旅游团离开的交通票据核实工作，核对姓名、人数、去向、航班（车次、航次）、起飞（开车、起航）时间（时间要做到四核实：计划时间、时刻表时间、票面时间、问询时间）、弄清起程的机场（车站、码头）的位置等事项。如果时间有变更，地陪应及时通知下一站接待社，以免造成漏接或空接。

如果旅游团是乘飞机从本站离境，地陪应提醒或协助领队提前72小时确认机票。

（2）商定出行李的时间

如旅游团有大件行李需要托运，地陪应在该团离开本地的前一天与全陪或领队商量好出行李时间，保证行李安全、顺利托运。

（3）商定出发时间

因司机比较了解路况，地陪应先与司机商定出发时间，然后征求全陪或领队的意见，确定后再通知全体游客集合出发的时间及地点。

（4）做好提醒和结算工作

地陪应提醒游客尽早与饭店结清有关账目（如洗衣费、长途电话费、饮料费等）。若游客损坏了饭店的设备，地陪应协助饭店妥善处理赔偿事宜。地陪还要及时通知饭店有关部门旅游团的离店时间，提醒其与游客结清账目。

（5）及时归还游客证件

一般情况下，地陪不应保管旅游团的证件，如果临时要用应当场收取，用完后立即归还游客本人或领队。对从本站离境的旅游团，地陪要提醒领队准备好全团护照和申报单，以便交边防站和海关检查。

2. 离店服务

（1）交运行李

旅游团离开饭店前，地陪要按事先商定好的时间与饭店行李员办好行李交接手续。行李集中后，地陪应与全陪、领队一起清点行李的件数，共同确认。

（2）办理退房手续

旅游团离开饭店时，地陪要到总服务台办理退房手续。按一般酒店行业规定，地陪应尽量在中午12点前安排游客退房。

（3）集合、登车

离店手续办理妥当后，地陪应提醒游客查看个人证件、主要财物及行李物品是否带齐，有无遗忘。确定无误后，清点人数，组织游客登车。

3. 送行服务

（1）致欢送辞

在赴机场（车站、码头）途中，地陪应向全体游客致欢送辞，以加深地陪与游客间的感情。致欢送辞时语气应真挚、富有感情。一般欢送辞包括：

① 回顾全程，对全陪、领队、游客及司机的合作分别表示谢意；

② 向游客表达友谊和惜别之情；

③ 向游客诚恳地征求意见和建议；

④ 对行程中有不尽人意之处，请求原谅，并向游客赔礼道歉；

⑤ 期待再次相逢，表达美好的祝愿。

（2）填写意见反馈表

致完欢送辞后，地陪可将“旅游服务质量意见反馈表”发放给全体游客，并请游客认真填写。如果“意见反馈表”需要游客寄出，应事先向游客说明邮资已付。

（3）提前抵达离站地点

地陪要带团提前到达机场（车站、码头），要为游客办理相关手续留出充裕的时间。一般来讲，出境或去沿海城市的航班要提前2小时（有些机场，如北京机场要求旅客提前3小时到达）；一般国内航班需提前1.5小时；乘火车等提前1小时。

旅游车到达机场（车站、码头）后，地陪要提醒游客带齐随身行李物品，照顾全体游客下车。待全团游客都下车后，地陪应再次检查车内是否有游客遗落的物品。

（4）办理离站手续

① 国内航班（车、船）的离开手续

移交交通票据及行李票。到机场（车站、码头）等候大厅后，地陪应将交通票据和行李托运单或行李卡一一清点无误后交给全陪或领队，请其清点核实。

等旅游团所乘交通工具启动后，地陪方可离开送站地点。

② 国际航班（车、船）的出境手续

移交行李。送出境的旅游团，地陪要和领队、全陪一起（与旅行社行李员）交接行李，清点、核查后协助将行李交给每位游客，由游客自己携带行李办理托运手续。

地陪要向领队（或游客）介绍办理出境手续的程序。地陪应将返程交通票据交给全陪。

在旅游团进入隔离区后，地陪、全陪方可离开送站地点。

（5）与司机结账

送走旅游团后，地陪应按照旅行社的规定与司机办理结账手续，或在用车单据上签字，保留好单据以便报账。

八、后续工作

送走旅游团后，地陪还要做好善后工作，妥善处理好遗留问题。

1. 处理遗留问题

下团后，地陪要认真、妥善地处理好旅游团的遗留问题，按有关规定和领导指示办理游客委托办理的事宜。如要求转递信件和资料，要求转递物品等。

如果游客要求地陪转递信件或资料，地陪应说服游客自己办理邮寄手续，但必须提供必要的协助。如果地陪答应转递，则应做必要的记录并留下委托者的详细通信地址；收件人收到信件或资料后，要出具收据，交旅行社保存。

如果游客要求地陪转递物品，地陪必须问清何物。若物品中包含有食品或药品，地陪应婉言拒绝，请其自行处理。若是应税商品，应促其纳税。若是贵重物品，地陪一般要婉拒。无法推脱时，应请游客书写委托书，注明物品名称及数量并当面点清，留下通信地址，收件人收到物品后要写收条并签字盖章，地陪要将委托书、收条等一并交旅行社保存。

2. 结清账目、归还所借物品

地陪要按照旅行社的具体要求并在规定的时间内，填写清楚有关接待和财务结算表格，连同保留的各种单据、接待计划、活动日程表等，按规定上交有关部门存档，并到财务部门结清账目，领取带团补贴。并及时归还所借物品。

3. 工作汇报和总结

带团结束后，地陪要认真做好带团小结，实事求是地汇报带团情况。涉及游客意见要尽量引用原话。如果旅游中发生重大事故或严重服务缺陷，地陪要整理成文字材料向旅行社及领导汇报。

地陪在下团之后，还应对本次带团过程中的方方面面进行总结和分析。不足之处，需要吸取教训，及时改进提高。

情境体验

我来做导游

1. 出示接待团队：

（1）小学生旅游团队；

（2）退休教师旅游团队；

（3）建筑设计院专家旅游团队；

（4）残疾人游客旅游团队；

（5）宗教人士旅游团队。

2. 分成小组，选择接待团队并根据团队特点设计市内一日游行程。

3. 简要说明这样设计旅游行程的原因。

4. 创作所游览景点的导游词进行导游讲解。

任务拓展

《中国公民国内旅游文明行为公约》

营造文明、和谐的旅游环境，关系到每位游客的切身利益。做文明游客是我们大家的义务，请遵守以下公约：

1. 维护环境卫生。不随地吐痰和口香糖，不乱扔废弃物，不在禁烟场所吸烟。

2. 遵守公共秩序。不喧哗吵闹，排队遵守秩序，不并行挡道，不在公众场所高声交谈。

3. 保护生态环境。不踩踏绿地，不摘折花木和果实，不追捉、投打、乱喂动物。

4. 保护文物古迹。不在文物古迹上涂刻，不攀爬触摸文物，拍照摄像遵守规定。

5. 爱惜公共设施。不污损客房用品，不损坏公用设施，不贪占小便宜，节约用水用电，用餐不浪费。

6. 尊重别人权利。不强行和外宾合影，不对着别人打喷嚏，不长期占用公共设施，尊重服务人员的劳动，尊重各民族宗教习俗。

7. 讲究以礼待人。衣着整洁得体，不在公共场所袒胸赤膊；礼让老幼病残，礼让女士；不讲粗话。

8. 提倡健康娱乐。抵制封建迷信活动，拒绝黄、赌、毒。

中央文明办、国家旅游局

2006年10月2日

《中国公民出境旅游文明行为指南》

中国公民，出境旅游，注重礼仪，保持尊严。
讲究卫生，爱护环境；衣着得体，请勿喧哗。
尊老爱幼，助人为乐；女士优先，礼貌谦让。
出行办事，遵守时间；排队有序，不越黄线。
文明住宿，不损用品；安静用餐，请勿浪费。
健康娱乐，有益身心；赌博色情，坚决拒绝。
参观游览，遵守规定；习俗禁忌，切勿冒犯。
遇有疑难，咨询领馆；文明出行，一路平安。

中央文明办、国家旅游局

2006年10月2日

任务2 全陪导游服务

全陪导游服务是保证旅游团的各项活动按计划实施、旅行顺畅安全的重要因素之一，全陪作为组团社的代表，对所率领的旅游团队的旅游活动负有全责，因而在整个旅游活动中起主导作用。

任务描述

镇定指挥的全陪

2010年8月，某台湾旅游团来滨城旅游。行程结束后，旅游团将搭乘第二天上午11:25的航班飞往香港，然后转机前往台北。地陪与领队、全陪商定后，通知旅游团第二天早上9点出发前往机场。第二天早上9点，全体游客都在酒店大堂等候，却没有看到地陪的身影。全陪慌忙给地陪打电话，地陪电话关机。5分钟后，地陪打来电话。原来地陪晚上睡前给手机充电，早上出门时忘记带了，出门后想起了，急忙回去拿。再往饭店赶时，就遇上了上班高峰，堵在了路上。地陪赶到饭店还要15分钟。等地陪赶到饭店再走就太晚了。全陪考虑到地陪所处的位置离机场较近，征求领队意见后，让地陪直接赶到机场，他和领队、司机一起清点、装好行李，并请游客登车。车上，全陪清点了人数，提醒游客携带好自己的物品，就吩咐司机开往机场。一路上，全陪承担了地陪的讲解任务，收取了全体游客的证件以便办理登机手续，并致了欢送词。快到机场时，前面突然发生了交通事故，旅游车被堵在离机场1000米处。此时已经是10:30了。旅游团只有25分钟的时间办理登记手续。一些游客显得有些焦虑。全陪安抚了游客，给先期到达机场的地陪打了电话，让她马上到柜台排队办理登机手续，打完电话，全陪携带全体游客的乘机证件下车，跑步前进到达机场，将证件交给地陪，让其办理乘机手续，并向机场工作人员说明情况，请求多等游客5分钟办理行李托运。接着，满头大汗的全陪又跑回旅游车，这时已经是10:55了，交通事故刚刚处理完毕，旅游车启动开往机场，旅游车上的游客听说已经办好了乘机手续，都长出了一口气，接着，车厢里响起了热烈的掌声。

（资料来源：中大网校http://www.wangxiao.cn）

讨论： 1. 谈谈你对全陪导游工作的认识。

2. 全陪作为组团社的代表，自始至终参与旅游团全过程的活动，若要保证旅游团的各项旅游活动按计划顺利实施，全陪应怎么做?

知识点拨

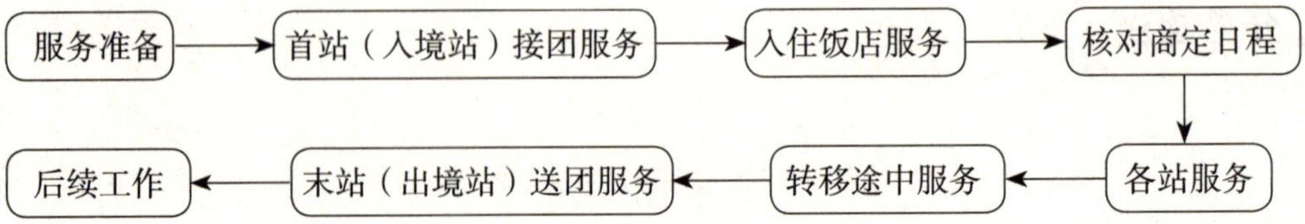

全陪导游服务流程

一、服务准备

1. 熟悉接待计划

全陪上团前要认真阅读接待计划及相关资料，全面了解旅游团的基本情况，掌握该团重点游客的情况和该团的特点。

（1）了解旅游团情况

① 记住旅游团的名称（或团号）、领队姓名、接待标准、团队人数、客源地等信息。

② 熟悉旅游团成员的基本情况，包括姓名、性别、年龄、民族、职业、宗教信仰、生活习惯以及男女比例和搭配情况。

③ 了解旅游团内较有影响的成员、需要特殊照顾的对象等情况。

④ 听取该团负责人对接待方面的要求和注意事项的介绍。

（2）掌握行程安排

① 各地接待社的名称、地陪姓名、联系电话和接团地点等。

② 掌握旅游团抵离各站的时间、交通工具以及交通票据是否订妥或是否需要确认、有无变更等情况。

③ 熟悉各站的主要景点特色，准备途中介绍或咨询解答的内容。

④ 了解行程中是否有不对外开放的地区或边境地区。若有，需提醒旅行社有关部门办妥“旅行证”或“边防通行证”。

⑤ 了解各站安排的文娱节目、风味餐、额外游览项目以及是否收费等事宜。

⑥ 了解各站下榻饭店的情况。

2. 带团物品准备

全陪上团前要带齐必备的物品、证件及有关资料，主要包括：

（1）必带的证件。包括身份证、电子导游证及带团标识，前往个别管制区要求办理的证明文件。

（2）接团资料及物品。包括接待计划、相关票据、银行卡或必备现金、团队标识和宣传品、各站联系电话、“全陪日记”等。

（3）个人物品。包括个人衣物、必备药品、个人应急用品等。

3. 知识准备

（1）了解客源国（地）的历史、地理、政治、文化、礼貌礼节、生活习俗等方面的知识。

（2）沿途各站的政治、经济、历史、地理、民俗风情等情况，充实旅游日程中主要景点的知识。如果接待的是专业旅游团，全陪还要准备相关的专业知识。

（3）收集当前热门话题、国内外重大新闻等游客可能感兴趣的话题。准备沿途旅游中活跃气氛的节目等。

4. 与接待社联系

全陪要在旅游团抵达本地的前一天同首站（入境站）地陪取得联系，了解其准备情况，安排迎接事宜。

5. 心理准备和形象准备

全陪的心理准备和形象准备大体与地陪相同。但因全程陪同旅游团旅行、游览，外出时间较长，需要带好足够的换洗衣物和做好更充分的心理准备。

二、首站（入境站）接团服务

首站迎接游客是全陪的第一次亮相、第一次服务，顺利完成首站接待，是全陪与旅游者建立良好关系的基础。

1. 迎接旅游团

（1）接团前，全陪要向地接社了解接待工作的详细安排情况。

（2）全陪要提前半小时到接站地点和地陪一起迎候旅游团。

（3）全陪要协助地陪尽快认找旅游团，与领队简单接洽，将地陪介绍给领队，并立即和地陪、领队一起核实实到人数。如果发现人数有变，应及时通告组团社。由组团社再通知各地接待社。

（4）全陪要和领队、地陪一起清点行李，无误后移交给行李员。

2. 首次讲解

（1）致欢迎辞。

全陪欢迎辞的内容与地陪的欢迎辞基本一致，但侧重点有所不同，全陪在致欢迎辞时要努力与地陪的欢迎辞不冲突，要言简意赅。

主要内容包括：① 致欢迎辞；② 简要介绍旅游行程安排；③ 介绍注意事项（调整时差、货币兑换、交通情况、安全状况等），特别是要反复强调有关法律法规上与客源国不同的规定等。

（2）行程安排。

全陪应将各站的主要安排包括入住饭店、主要景点、风味餐等情况，向游客做简要介绍。对有可能出现的住宿、餐饮等问题也要提前向游客说明，使其有心理准备。

（3）介绍旅途的注意事项，发放相关材料。

三、入住饭店服务

1. 办理住店手续

全陪应和领队、地陪一起向总台提供团名、团队名单表、旅游者的证件及旅游团住房要求等，填写入住登记单，协助领队办理入住手续。

2. 协助领队分房

拿到房卡后，全陪要协助领队根据准备好的分房名单分发房卡，但全陪要掌握全团游客的房间号，并与领队互通各自房号以便联系。同时提醒游客在总台办理贵重物品及钱款的寄存手续。

3. 热情引导游客进房

分发完房卡，全陪和地陪一起热情引导游客进入房间。若游客发现客房设施、卫生等方面的问题，全陪、地陪要及时向总台反映并协助处理。无论是全陪还是地陪都要注意，非工作需要，一般不要进入游客房间，尤其是异性游客房间，能通过电话解决的，则要通过电话解决。

4. 照顾行李进房

游客进房后，全陪应巡视客人住房情况，与客人核实是否都拿到了自己的行李，有无破损。

5. 照顾好游客的住宿

如果地陪不住饭店，全陪则要负起全责，照顾好旅游团，协调、处理各种问题。全陪要将自己的房间号告诉游客，以方便游客与自己联系。全陪还要掌握饭店总服务台的电话号码和地陪的紧急联系方式。

四、核对商定日程

在游客入住酒店后，全陪应主动和地陪、领队核实各自手中的计划和日程安排是否一致。

如果和原计划有出入，应立即报告组团社联系人，由组团社联系人通知各地接待社。

1. 日程修改的原则

对于小的不涉及接待标准和费用变化的变动应把握“宾客至上，服务至上，主随客便，合理而可能，平等协商”的基本原则，尽量予以满足。而对领队提出的无法满足的要求应耐心解释，争取其谅解。对领队的一些有较大出入的提议，如全陪不能定夺，应及时请示组团社再做决定。日程商定后，让领队向全团正式宣布。

2. 核对机票、签证

与领队核实出境机票，并协助确认。核对游客的签证有效期是否与团队在华日期相符合。如果领队自带我国境内段机票，应尽快交与地接社核实航班号，并确认机位。

五、各站服务

各站服务是指全陪在旅游目的地为游客提供的服务，是全陪工作的主要组成部分。全陪主要负责各站之间有机衔接，监督接待计划全面、顺利实施，保护好游客人身及财产安全，使突发事件得到及时有效的处理等。

1. 抵站服务

（1）带领旅游团出站

当所乘交通工具即将抵达下一站时，全陪要提醒游客整理并带齐个人随身物品，做好下机（车、船）的准备。凭行李票领取托运的行李，出站时全陪要高举导游旗走在旅游团的最前面，以便地陪认找旅游团。

（2）与地陪通报情况

与地陪见面后，全陪要将地陪介绍给领队和游客，并向地陪告知旅游团有关情况以协助地陪做好工作。

（3）清点行李、集合登车

与地陪、领队一起清点游客行李，移交给地接社行李员；协助地陪组织游客登上旅游车，提醒游客注意安全并负责清点人数。

2. 游览服务

（1）监督各地计划的落实和服务质量

① 监督各地的旅游活动安排是否适时、到位。如果发现活动安排与上几站有明显重复、旅游行程过紧或过松等，全陪要及时向地陪指出，并给出调整意见。

② 通过观察和向游客了解等方式检查各地在交通、住宿、饮食、导游服务等方面是否符合国家和行业标准。若发现有降低质量标准的现象和减少规定的游览项目、增加购物次数、降低住宿或餐饮质量标准等问题，全陪要及时向地陪提出，争取改进和补偿，必要时可与当地接待社交涉或报告组团社。

（2）维护游客利益，保护游客安全

在游览活动中，全陪要注意观察周围的环境，留意游客的动向，主动殿后，并随时清点人数，提醒游客跟上团队，以免走失或发生意外，协助地陪圆满完成讲解任务。

在整个行程中，全陪都要时时处处提醒游客注意人身和财物安全，保管好随身携带的物品和证件，注意饮食卫生。如遇突发事件，全陪应协助地陪与当地有关部门妥善处理。

（3）做好联络、协调工作

全陪要做好旅游线路上各站间，特别是上、下站之间的联络工作，及时通报情况，并落实接待事宜。若实际行程和计划有变更或调整，全陪要及时通知下一站。

在整个旅游行程中，游客、领队、地陪、司机、全陪之间难免会出现一些矛盾或摩擦，因此，全陪要努力做好沟通工作，协调好导游、领队、游客等各方面的关系，保持旅游团内部融洽。

3. 离站服务

（1）确认各项事宜

提醒地陪提前落实离站的交通票据，并核实离站的准确时间。如果离站时间有变化，全陪要立即通知下一站接待社或请旅行社通知接待社，以防止空接和漏接事故的发生。

（2）协助办理离店手续

协助领队、地陪妥善办理离店事宜；协助游客与饭店结清相关费用；提醒游客检查、带好旅游证件；协助领队、地陪清点托运行李，办妥行李交接手续；妥善保管好地陪交给的交通票据和行李托运单。

（3）做好机场（车站、码头）的服务

包括领取登机牌、协助游客办理行李托运等相关手续、带领游客进行安全检查、引领游客到指定地点上飞机（火车、轮船）。

（4）与地接社结账，向地陪、司机道别

与地陪结清有关账目，并妥善保管好单据。向地陪和司机道别、致谢。

六、转移途中的服务

在向下一站转移途中，全陪要提醒游客注意人身和财物安全，安排好游客在旅途中的生活，努力使游客的旅行充实、轻松、愉快。

1. 协助领队分配机位或铺位

不管乘坐飞机、火车还是轮船都需要让领队提前分配机位（铺位），全陪要协助领队工作，特别是乘坐火车或轮船使用卧铺时，更要合理分配铺位，对行动不便的游客重点照顾。

2. 照顾游客在旅途中的生活

全陪要负责照顾好游客的食、行、娱等工作。如果乘坐火车（轮船）途中需要就餐时，上车（船）后，全陪要尽快找餐车（餐厅）负责人联系，按该团餐饮标准为游客订餐并告知用餐要求。

如果旅游团中有晕机（车、船）的游客，全陪要给予特别关照；游客突患重病，全陪要立即采取急救措施，并争取司机、乘务人员的协助。

3. 注意游客的人身和财产安全

旅游团在乘坐交通工具过程中，特别是乘坐火车（轮船）时，全陪要提醒游客注意安全，妥善保管好自己的贵重物品和证件。全陪要随时关注周围情况，发现问题要立刻与公安或保卫人员联系。

4. 做好讲解工作

如果是在汽车上进行较长时间的旅行或火车专列或包车厢时，全陪要提供相应的讲解服务。讲解内容一般是途经城市和目的地城市的概况等能引起游客兴趣的话题。此外，全陪还可根据途中情况和旅游团的情况组织一些游客感兴趣的文娱活动，以活跃途中气氛，消除游客的寂寞和疲劳。

5. 保管好票据

全陪要保管好行李托运单据，抵达目的地后请地陪协助提取行李；还要妥善保管好交通票据，以便行程结束时回旅行社报账。

七、末站（出境站）送团服务

末站服务是全陪整个服务工作的最后环节，全陪要认真完成，努力使旅游团顺利离开并留下良好的印象。

1. 离境前的准备工作

提前与领队核实出境机票，并协助确认机位；提醒游客备好证件、海关申报单、购物发票、换汇水单等；提醒、帮助游客与饭店结清各种账目。

2. 致欢送辞

全陪在送游客去机场（车站、码头）的途中要致欢送辞。内容包括：回顾整个旅程生活，表达难舍之情；感谢游客与领队、地陪、司机的支持；肯定领队的功绩，提高领队在游客心中的地位；表达美好祝愿，期待与游客再次相逢。

3. 机场（车站、码头）送行

全陪要严格按规定保证旅游团提前2小时到达机场（要注意个别机场新的规定）。抵达出境站后，全陪协助领队和游客清点行李，办理出境、登机（车、船）手续。与游客一一握手告别，与地陪一起目送游客进入隔离区后方可离开。

4. 结清旅游团账目

在送走旅游团后，全陪要与地陪做好结账工作。若是计划拨款，全陪应认真填写“旅行社旅游团费用结算表”。若是现结，则应当面点清钱款，并向接待社收取票证。

八、后续工作

1. 处理遗留问题

全陪在下团后，应认真处理好旅游团的遗留问题，办理好游客的委托事宜。对旅游团遗留的重大、重要问题要先请示旅行社有关领导，再做处理。

2. 填写《全陪日志》

全陪应认真、按时填写《全陪日志》或旅游行政管理部门（或组团社）所要求的其他资料。全陪日志内容包括：① 旅游团的基本情况；② 旅游日程安排及飞机、火车、航运交通情况；③ 各地接待质量；④ 发生的问题及处理经过；⑤ 游客的反映及改进意见等。

表2-3　　总结式全陪日志

单位/部门			团　号	
全陪姓名			组团社	
领队姓名			国　籍	
接待时间	年　月　日至　年　月　日		人数　名（含岁儿童　名）	
途经城市				
团内重要游客、特殊情况及要求				
领队或游客的意见、建议和对旅游接待工作的评价				
该团发生问题和处理意见（意外事件、游客投诉、追加费用等）				
全陪意见和建议				
全陪对全程服务的评价：合格（　）		不合格（　）		
行程状况	顺利（　）	较顺利（　）	一般（　）	不顺利（　）
客户评价	满意（　）	较满意（　）	一般（　）	不满意（　）
服务质量	优秀（　）	良　好（　）	一般（　）	比较差（　）
全陪签字	部门经理签字	质管部门签字		
日期	日期	日期		

3. 结清账目，归还所借物品

全陪在返回单位后，要尽快与旅行社财务部门结清账目，向旅行社及时归还所借物品。

情境体验

假设你受旅行社委派，作为全陪在暑假接待一个学生团，由青岛前往南京、上海、苏州、杭州、乌镇华东五地进行5日游，请查找相关资料，设计一套途中服务方案，注意在规范化服务的基础上突出个性化服务。

任务拓展

关于禁止旅客随身携带液态物品乘坐国内航班的公告

为维护旅客生命财产安全，中国民用航空总局决定调整旅客随身携带液态物品乘坐国内航班的相关措施，现公告如下：

一、乘坐国内航班的旅客一律禁止随身携带液态物品，但可办理交运，其包装应符合民航运输有关规定。

二、旅客携带少量旅行自用的化妆品，每种化妆品限带一件，其容器容积不得超过100毫升，并应置于独立袋内，接受开瓶检查。

三、来自境外需在中国境内机场转乘国内航班的旅客，其携带入境的免税液态物品应置于袋体完好无损且封口的透明塑料袋内，并需出示购物凭证，经安全检查确认无疑后方可携带。

四、有婴儿随行的旅客，购票时可向航空公司申请，由航空公司在机上免费提供液态乳制品;糖尿病患者或其他患者携带必需的液态药品，经安全检查确认无疑后，交由机组保管。

五、乘坐国际、地区航班的旅客，其携带的液态物品仍执行中国民用航空总局2007年3月17日发布的《关于限制携带液态物品乘坐民航飞机的公告》中有关规定。

六、旅客因违反上述规定造成误机等后果的，责任自负。

本公告自公布之日起施行。

中国民用航空局　2008年3月14日

关于重申禁止旅客携带带火机、火柴乘坐民航飞机的公告

为维护民航运输秩序，保护旅客生命财产和航空器安全，根据《关于禁止旅客随身携带打火机、火柴乘坐民航飞机的公告》（民航公告【2008】3号）等有关规定，现就旅客携带打火机、火柴乘坐民航飞机应当遵守的规定重申如下：

（一）禁止旅客随身携带打火机、火柴乘坐民航飞机。

（二）禁止旅客将打火机、火柴放置在手提行李中运输。

（三）禁止旅客将打火机、火柴放置在托运行李中运输。

请旅客在办理乘机手续时，严格遵守以上规定。对于违反上述规定的，公安机关将根据情节，依照国家有关法律、法规严肃处理。由此造成的其他后果，由旅客自行承担。

特此公告。

中国民用航空局　　2015年8月14日

任务3　景点（区）导游服务

景点（区）导游人员亦称景点（区）讲解员或定点导游人员，是指在景点

（区）的范围内为旅游者提供向导和讲解服务的人员。如博物馆、自然保护区等为游客进行导游讲解的工作人员。随着旅游人数日益增多，景点（区）导游人员现在已经成为我国导游队伍的一个重要组成部分。

任务描述

难忘的第一次讲解

一位刚刚参加景点讲解工作的年轻姑娘，第一次接待游客进行讲解时，显得很紧张，在景区大巴上，她想对游客讲几句客套话，没想到却更加紧张，额上的汗珠都冒了出来。刚想用手帕擦脸，说来也巧，车子来了个急转弯，女讲解员没防备，一个趔趄，差点趴到游客身上。天啊！多么可怕的第一次讲解啊！出尽洋相，出尽了丑！

（资料来源：李娌编著：《导游服务案例详解》，旅游教育出版社，2014年版）

讨论：1. 请你谈谈新讲解员如何克服首次带团面临的诸多问题？

2. 景区景点导游员接团前应做好哪些方面的准备？具体的服务规范是怎样的呢？

知识点拨

景点（区）导游服务流程

一、服务准备

1. 熟悉接待计划

了解旅游团的基本情况，如人数、职业、宗教信仰、风俗习惯等，熟悉景区规定，掌握文物保护知识及安全知识。

2. 物质准备

做好相关物质准备：如佩戴好上岗证件，讲解器材，导游图等相关资料。

3. 知识准备

（1）熟悉并掌握本景点（区）的自然科学知识、历史文化遗产知识、建筑与园林艺术知识，宗教知识，文学、美术、民俗、价值等知识。

（2）熟悉本景点（区）地理环境、环境保护、文物保护及安全知识。

（3）熟悉本景点（区）的相关规章制度和管理规定。

二、导游服务

1. 致欢迎辞

讲解员在接待开始时应向游客致欢迎辞。

欢迎辞的内容主要包括：表示欢迎；自我介绍；表达提供服务的诚挚意愿；希望游客给予支持和配合；预祝游客旅游愉快等。

2. 导游讲解

导游讲解是景区导游服务工作的核心。讲解员应按照景区导游讲解服务规范，为旅游者提供高质量的导游讲解服务。主要内容包括：

（1）景区基本情况介绍。

在正式进行讲解之前，应当先对景点（区）的情况进行概括的介绍，地点可选择在景点（区）大门口导游图前。

（2）按参观路线，进行分段讲解。

① 自然风光讲解内容包括：自然风光的形态特征；自然风光的内涵特征；自然风光的独特价值或地位等。

② 人文景观讲解内容包括：人文景观的历史背景；人文景观的用途；人文景观的特色；人文景观的价值和地位；名人评价等。

（3）参观游览的注意事项。如安全提醒、环境保护、文物保护的宣传等。

（4）及时耐心回答游客问询。

三、送别服务

送别服务中最重要的内容是致欢送辞。

1. 致欢送辞并送别游客

参观游览结束后，讲解员要向游客致简短的欢送辞，内容包括对游客参观游览中的合作表示感谢、征询意见和建议、欢迎再次光临等。向游客赠送纪念品和相关资料，并热情和游客道别。

2. 总结工作

总结工作是提高导游服务效率和导游服务质量的必要手段。游客离开景区后，导游的工作并未结束，还要按照景区的规定，及时认真地填写工作日志和做好总结工作。如有特殊情况还应及时向景区有关部门如实反映。

情境体验

1. 根据自己的旅游经历或自己所了解的情况，介绍一种类型的自然景观，分析其形态特征、内涵特征、独特的价值或地位。

2. 根据当地的旅游资源，介绍一种人文景观，分析其历史背景、用途、特色、价值和地位。

任务拓展

游览宗教景点的禁忌

景点（区）导游员带领游客进入寺庙或观瞻具有宗教特色的建筑物时，应要求客人衣着得体，不能过于随意或暴露；若遇寺庙举办法事或其他宗教活动，应率领团队静立或悄然离开，不得在旁随意走动或旁若无人地大声喧哗；提醒游客切勿随意触摸宗教标志、佛像、祭祀器物；很多宗教场所不允许拍照。景区景点导游员还应提醒游客尊重当地宗教信仰，不得在宗教场所随意就餐，更不能违反其饮食禁忌。

（资料来源：梁文生 主编：《导游实务》，山东科技出版社，2014年版）

任务4　出境领队服务

出境领队是出境旅游团的领导者和代言人，在团结旅游团全体成员、组织游客完成旅游计划方面起着重要作用。在派出方旅行社和接待方旅行社之间以及游客和导游人员之间起着桥梁的作用。

任务描述

一位不合格的领队

赵先生一家五口参加了某出境旅游团。该团领队由于是第一次带团出境，没有经验，有一位游客的护照照片出错也没有及时发现，导致该游客被滞留机场未能顺利出行；到达旅游目的地的机场后，由于领队不熟悉机场布局，无法将旅游团带出机场，所幸赵先生多次来往机场，在赵先生的协助下，旅游团才得以顺利出机场。在行前说明会上，领队也只是简单介绍了目的地国家的情况，要求大家注意安全，但缺乏具体的实质性内容。在旅游行程中，该领队几乎不和游客交流，对于游客的咨询，他全都推给地陪，在旅游车上自顾睡觉，或者听音乐，自娱自乐；在景点时则表现出极大的热情，和游客一起玩得欢，甚至经常超出地陪要求集合的时间；在行程中地陪向游客推荐黄色节目也不加以制止；虽然有领队证，但英语表达能力差，完全依赖地陪服务；有一位游客在酒店洗手间不小心滑倒摔伤，领队也不闻不问，导致事后游客回国后向旅行社投诉。

（资料来源：黄恢月、仉向明编著：《出境旅游领队工作案例解析》，旅游教育出版社，2008年版）

讨论：1. 请你谈谈出境领队的主要职责是什么？

2. 领队是出境旅游团的灵魂，一个合格的领队应该具备怎样的服务态度和服务技能？

知识点拨

出境领队是指接受具有出境旅游业务经营权的国际旅行社（组团社）的委派，全权代表该旅行社带领旅游团从事出境旅游活动的工作人员。出境领队的服务主要包括：

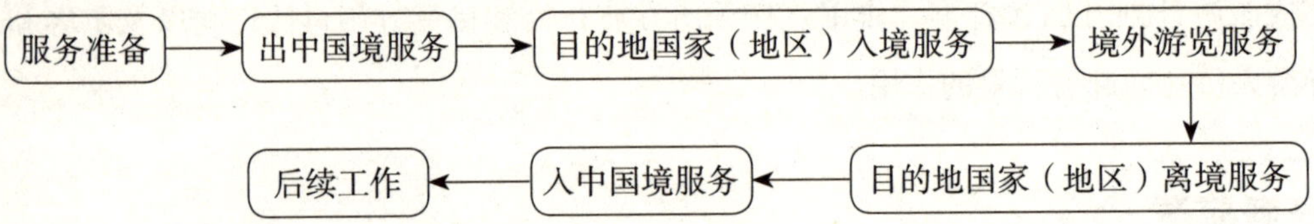

海外领队服务流程

一、服务准备

1. 领取并熟悉接待计划

（1）领取接待计划及相关资料

① 出境领队提前向旅行社计调人员领取接待计划，听取计调人员对该团情况的介绍。包括团员的构成情况、团队成员情况、行程安排、该团的特殊要求、接待社和联系人、应急求助电话、行前说明会的安排等。

② 领取《中国公民出国旅游团队名单表》和出境旅游行程表等有关资料。

《中国公民出国旅游团队名单表》一式四联，即出境边防检查专用联、入境边防检查专用联、旅游行政部门审验专用联和旅行社自留专用联。

《出境旅游行程表》将在出团说明会上发给每一位游客，表中应列明：旅游线路、时间、景点；交通工具的安排；食宿标准／档次；购物、娱乐安排及自费项目；组团社和接团社的联系人和联络方式；遇到紧急情况的联络方式。

（2）熟悉接待计划。

① 了解出游国家或地区、出入境口岸和旅游线路等信息，了解接待社信息。

② 掌握团队基本情况，了解团员的姓名、性别、年龄、职业、宗教信仰、饮食禁忌、生活习惯等。

③ 了解团内重点团员的情况，需要特殊照顾的对象和特殊要求。

④ 熟悉团队的完整行程，包括旅游线路、交通工具、住宿餐饮标准和其他特殊安排。

（3）做好核对工作

① 核对护照及签证。护照的检查重点是姓名、护照号码、签发地、签发日期、有效期、本人签名等；签证的检查重点是签发日期、截止日期、签证号码等。

② 核对机票。机票核对重点是检查机票上的姓名是否和护照上的一致以及乘机时间、航班号等，要将机票信息与旅游行程进行对照，重点核对航班号、日期和起飞时间。

③ 核对出团名单表。为了便于出境时边防检查，确保顺利出境，领队必须做好《中国公民出国旅游团队名单表》的核对工作，重点核查《名单表》中的信息是否和护照以及护照内的签证信息一致，经审核后的《名单表》不得增添人员。

表2-4　　中国公民出国旅游团队名单表

序号	中文	汉语拼音	性别	出生日期	出生地	护照号码	发证机关及日期
领队							
1							
2							
3							
4							
5							
6							
7							
8							
…	…	…	…	…	…	…	…
20							

年　月　日由　　口岸出境　　总人数：　（男　　人，女　　人）

年　月　日由　　口岸入境

授权人签字　　　　旅游行政管理部门　　　　边防检查站

组团社盖章　　　　审验章　加注（实际出　　人）　　出境验讫章

旅游路线：

组团社名称：　　　　联络员姓名及电话：

接待社名称：　　　　联络员姓名及电话：

中华人民共和国国家旅游局印制

④ 其他需要检查的事宜。检查全团的预防注射情况；了解旅行社责任保险和团员意外伤害保险的情况。

2. 知识准备

（1）了解和熟知旅游目的地国家（地区）的政治、地理、历史、文化、风俗习惯、物产及主要景点等情况。

（2）领队应熟知海关知识、出入境办理程序及旅行常识等旅游专业知识。

3. 物质准备

（1）准备好领队证、护照、机票、《名单表》等各种票据和表格。

（2）准备好机场税款和团队费用。

（3）准备多份团队分房表，要做好适时调整的准备。

（4）各国（地区）接待社及有重要联系单位的联系方式。

（5）社旗、名片、行李标签、领队日志本等。

（6）个人生活用品、常用药品和应急用品。

4. 开好出团说明会

在办理好护照、签证、机票等有关手续后，在出团的前一天至一周内，领队要召集本团全体游客开一次“出团说明会”。

（1）出团说明会的主要内容

① 代表旅行社对全体游客致欢迎辞。

② 向游客发放《出境旅游行程表》、《旅游服务质量评价表》、团队标志、行李牌等。详细说明旅游行程安排等。

③ 介绍旅游目的地国家（地区）的基本情况、风俗习惯和相关的法律法规知识，向游客讲明注意事项并提出要求。

④ 说明过海关的手续和程序，以及出入境时海关的相关规定。

⑤ 告知游客外币兑换与手续。在出团说明会上，领队要告知游客旅游目的地国家（地区）所使用的外币名称、单位等，与人民币、美元、欧元等货币之间的兑换比例，并告知在银行、酒店等地可以办理货币兑换。

⑥ 公布分房名单。

⑦ 向游客说明如遇不可抗力或不可控制因素可能造成组团社不能或不完全履约情况，取得客人理解。

（2）说明会上领队要注意的问题

① 要体现出境领队的精神风貌。

② 要以礼貌语言亮相。

③ 要着重强调出发时间和集合时间。

④ 将自己的联络方式（如手机号码、QQ号、微信号等）告诉游客。

二、出中国境服务

1. 出发前集合

（1）提前抵达集合地点

领队至少比约定的旅游团集合时间早10分钟到达集合地点，等候并认找游客。如果所带的是老年团，领队应该更早一点抵达集合地点，通常老年游客会早早赶到集合地点。

（2）发表简短讲话

全团成员到齐后，领队再次核对游客证件和签证，并发表简短讲话，告知游客登机、海关以及边防检查等手续。强调在境外期间的注意事项，遵守目的地国家和地区法律。

2. 办理海关申报

根据我国海关规定，我国出境人员，除享受免验待遇的人员外，在出入境时，都应填写《中华人民共和国海关进出境旅客行李物品申报单》，并将全部行李物品向海关交验。

领队在带领旅游团经过中国海关时，需要进行下列工作：

（1）告知游客中国海关禁止携带出境的物品。

（2）请携带无需向海关申报物品的游客从绿色通道穿过海关柜台，进入等候。

（3）领队要带领携有向海关申报物品的游客从红色通道到海关柜台前办理手续。领队要提醒填写《申报单》的游客保存好《申报单》，以便回国时海关查验。具体哪些物品需要申报应向海关核实。

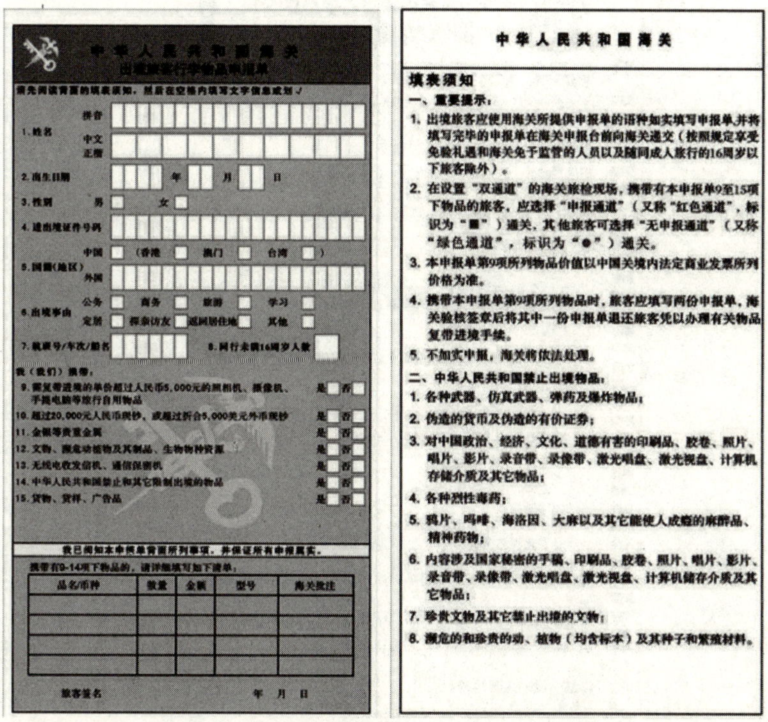

中华人民共和国海关
出境旅客行李物品申报单

请先阅读背面的填表须知，然后在空格内填写文字信息或划 ✓

1. 姓名 拼音 / 中文正楷

2. 出生日期 年 月 日

3. 性别 男 女

4. 进出境证件号码

5. 国籍（地区） 中国（香港 澳门 台湾） 外国

6. 出境事由 公务 商务 旅游 学习 定居 探亲访友 返回居住地 其他

7. 航班号/车次/船名　8. 同行未满16周岁人数

我（我们）携带：

9. 需复带进境的单价超过人民币5,000元的照相机、摄像机、手提电脑等旅行自用物品 是 否

10. 超过20,000元人民币现钞，或超过折合5,000美元外币现钞 是 否

11. 金银等贵重金属 是 否

12. 文物、濒危动植物及其制品、生物物种资源 是 否

13. 无线电收发信机、通信保密机 是 否

14. 中华人民共和国禁止和其它限制出境的物品 是 否

15. 货物、货样、广告品 是 否

我已阅知本申报单背面所列事项，并保证所有申报属实。

携带有9-14项下物品的，请详细填写如下清单：

品名/币种	数量	金额	型号	海关批注

旅客签名　　年 月 日

中华人民共和国海关

填表须知

一、重要提示：

1. 出境旅客应使用海关所提供申报单的语种如实填写申报单并将填写完毕的申报单在海关申报台前向海关递交（按照规定享受免验礼遇和海关免于监管的人员以及随同成人旅行的16周岁以下旅客除外）。

2. 在设置“双通道”的海关旅检现场，携带有本申报单9至15项下物品的旅客，应选择“申报通道”（又称“红色通道”，标识为“■”）通关，其他旅客可选择“无申报通道”（又称“绿色通道”，标识为“●”）通关。

3. 本申报单第9项所列物品价值以中国关境内法定商业发票所列价格为准。

4. 携带本申报单第9项所列物品时，旅客应填写两份申报单，海关验核签章后将其中一份申报单退还旅客凭以办理有关物品复带进境手续。

5. 不如实申报，海关将依法处理。

二、中华人民共和国禁止出境物品：

1. 各种武器、仿真武器、弹药及爆炸物品；

2. 伪造的货币及伪造的有价证券；

3. 对中国政治、经济、文化、道德有害的印刷品、胶卷、照片、唱片、影片、录音带、录像带、激光唱盘、激光视盘、计算机存储介质及其它物品；

4. 各种烈性毒药；

5. 鸦片、吗啡、海洛因、大麻以及其它能使人成瘾的麻醉品、精神药物；

6. 内容涉及国家秘密的手稿、印刷品、胶卷、照片、唱片、影片、录音带、录像带、激光唱盘、激光视盘、计算机储存介质及其它物品；

7. 珍贵文物及其它禁止出境的文物；

8. 濒危的和珍贵的动、植物（均含标本）及其种子和繁殖材料。

图2-1 《中华人民共和国海关进出境旅客行李物品申报单》

3. 办理登机手续及行李托运

（1）告知游客航空公司关于行李的规定

在办理登机手续及行李托运手续之前，领队要告知全团游客航空公司免费托运行李、行李赔偿等有关规定。

（2）协助游客办理乘机与行李托运手续

领队要收齐全团所有游客的护照、机票到航空公司值机柜台的“团队”专用柜台集体办理乘机手续和行李托运手续。

（3）将过边检、登机所需物品发还给游客

集体办理乘机手续后，领队应将登机用的游客证件、机票、登机牌、行李托运票据等物品逐一发还给每一位游客，领队则保管好行李托运票据。

4. 通过卫生检疫

带领游客到卫生检疫柜台接受黄皮书（即《国际预防接种证书》，因其封面通常是黄色而得名）查验。如有游客未及办理黄皮书，应按照卫检的要求，现场补办手续。

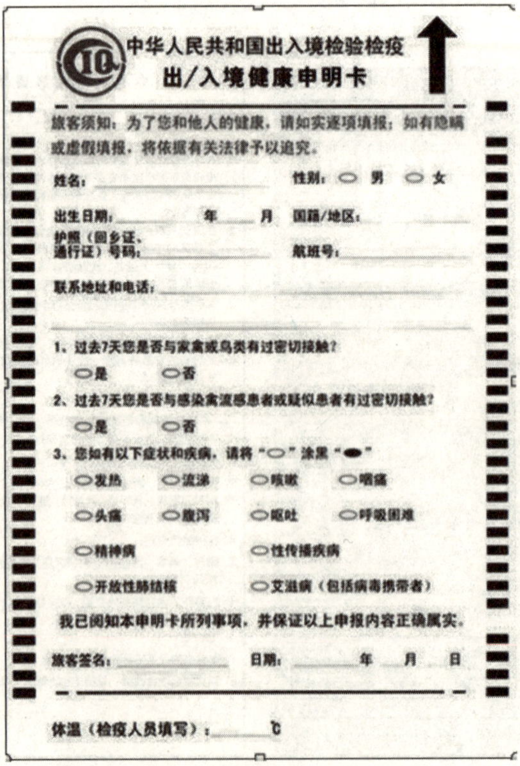

中华人民共和国出入境检验检疫
出/入境健康申明卡

旅客须知：为了您和他人的健康，请如实逐项填报；如有隐瞒或虚假填报，将依据有关法律予以追究。

姓名：________ 性别：○男 ○女

出生日期：____年____月 国籍/地区：________

护照（回乡证、通行证）号码：________ 航班号：________

联系地址和电话：________

1、过去7天您是否与家禽或鸟类有过密切接触？

○是 ○否

2、过去7天您是否与感染禽流感患者或疑似患者有过密切接触？

○是 ○否

3、您如有以下症状和疾病，请将“○”涂黑“●”

○发热 ○流涕 ○咳嗽 ○咽痛

○头痛 ○腹泻 ○呕吐 ○呼吸困难

○精神病 ○性传播疾病

○开放性肺结核 ○艾滋病（包括病毒携带者）

我已阅知本申明卡所列事项，并保证以上申报内容正确属实。

旅客签名：________ 日期：____年____月____日

体温（检疫人员填写）：____℃

图2-2　出/入境健康申明卡

5. 通过边防检查

（1）组织游客填写《边防检查出境登记卡》。

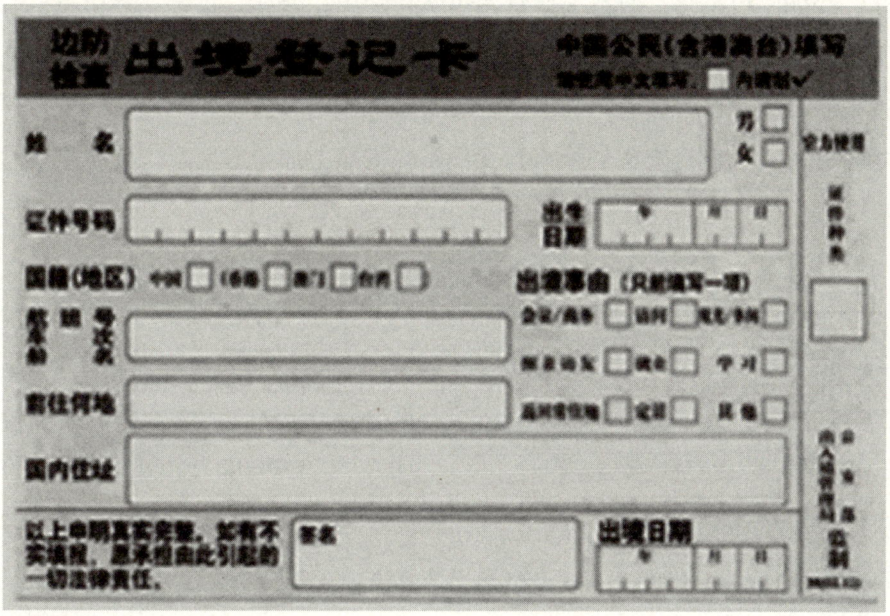
边防检查 出境登记卡
中国公民(含港澳台)填写
姓名
男
女
证件号码
出生日期
国籍(地区)
航班号
车次
船名
前往何地
国内住址
出境事由（只能填写一项）
以上申明真实完整，如有不实填报，愿承担由此引起的一切法律责任。
签名
出境日期

图2–3 边防检查出境登记卡

（2）游客需出示本人护照（内含有效签证）、国际机票、登机牌及《边防检查出境登记卡》。排队按顺序接受检查。

（3）如果旅游团签署的是团体签证或到免签国家旅行，领队应出示《中国公民出国旅游团队名单表》及领队证、团体签证（免签国家不用），所有游客须按照《名单表》的顺序排队，逐一通过边防检查。

6. 登机前的安全检查

安检前，领队应告知游客准备好本人护照、登机牌、机票，交安全检查员查验，通过安检。

三、目的地国家（地区）入境服务

1. 通过卫生检疫

每个国家的卫生检疫的形式各有不同，有的需要查验黄皮书和健康申报单，有的不需要。领队应组织游客按要求接受检查。

2. 办理入境手续

领队带领旅游团在移民局入境检查柜台排队等候，提醒游客不能加塞抢行，不能照相，不能大声喧哗。向入境检查人员交付护照、签证、机票、入境卡。有些入境官要求领队出示当地旅行社的接待计划或行程表。

如果旅游团所持的是团队签证，则需要听从入境边检站前工作人员的指挥，到指定柜台办理。入境检查官员经审验无误，在护照上加盖入境章，并将护照、机票退还。

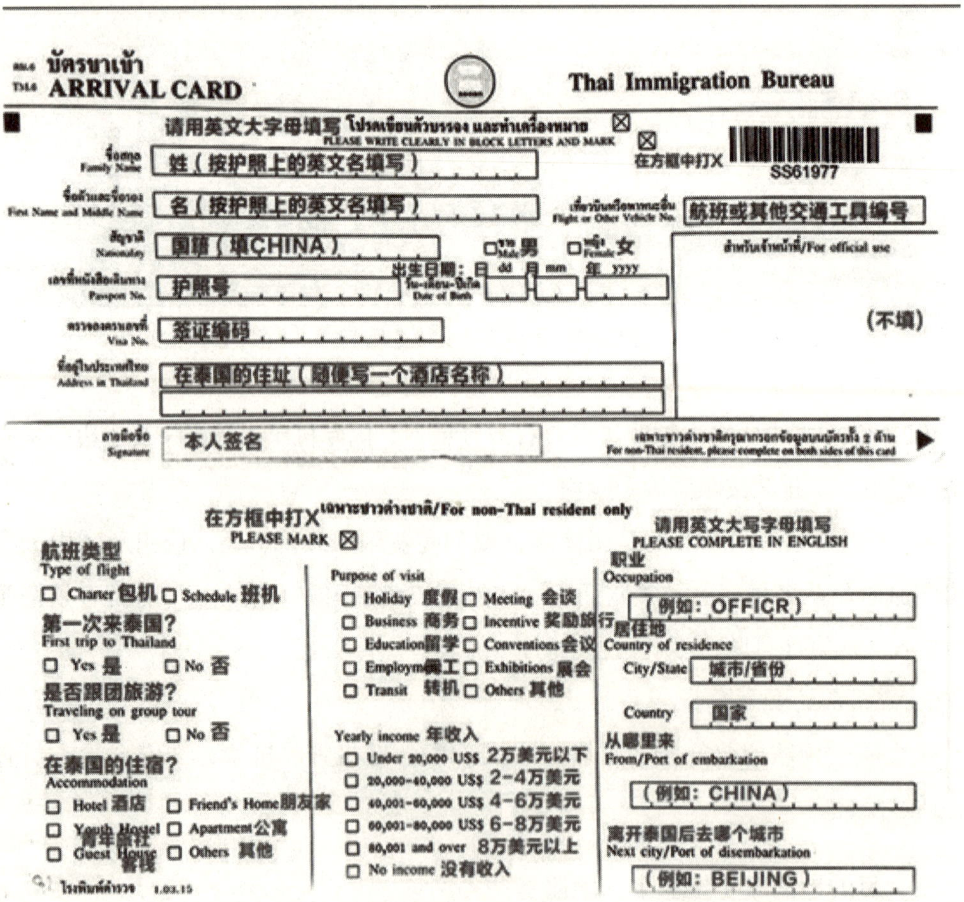
ARRIVAL CARD　Thai Immigration Bureau

请用英文大字母填写　PLEASE WRITE CLEARLY IN BLOCK LETTERS AND MARK ☒　在方框中打X　SS61977

Family Name：姓（按护照上的英文名填写）

First Name and Middle Name：名（按护照上的英文名填写）

Flight or Other Vehicle No.：航班或其他交通工具编号

Nationality：国籍（填CHINA）　□ Male 男　□ Female 女

Passport No.：护照号　出生日期：日 dd 月 mm 年 yyyy　Date of Birth

Visa No.：签证编码

Address in Thailand：在泰国的住址（随便写一个酒店名称）

For official use（不填）

Signature：本人签名　For non-Thai resident, please complete on both sides of this card

在方框中打X　PLEASE MARK ☒　For non-Thai resident only　请用英文大写字母填写　PLEASE COMPLETE IN ENGLISH

航班类型 Type of flight：□ Charter 包机　□ Schedule 班机

第一次来泰国？ First trip to Thailand：□ Yes 是　□ No 否

是否跟团旅游？ Traveling on group tour：□ Yes 是　□ No 否

在泰国的住宿？ Accommodation：□ Hotel 酒店　□ Friend's Home 朋友家　□ Youth Hostel 青年旅社　□ Apartment 公寓　□ Guest House 客栈　□ Others 其他

Purpose of visit：□ Holiday 度假　□ Meeting 会谈　□ Business 商务　□ Incentive 奖励旅行　□ Education 留学　□ Conventions 会议　□ Employment 务工　□ Exhibitions 展会　□ Transit 转机　□ Others 其他

Yearly income 年收入：□ Under 20,000 US$ 2万美元以下　□ 20,000-40,000 US$ 2-4万美元　□ 40,001-60,000 US$ 4-6万美元　□ 60,001-80,000 US$ 6-8万美元　□ 80,001 and over 8万美元以上　□ No income 没有收入

职业 Occupation：（例如：OFFICR）

居住地 Country of residence：City/State 城市/省份　Country 国家

从哪里来 From/Port of embarkation：（例如：CHINA）

离开泰国后去哪个城市 Next city/Port of disembarkation：（例如：BEIJING）

图2–4　泰国入境登记卡

3. 领取托运行李

（1）认领行李。

入境手续办完后，领队要带领游客到航空公司的托运行李领取处认领自己的行李。

（2）托运行李出现问题应及时处理。

如果托运行李遗失或损坏，要立即持行李牌与机场行李部门进行交涉。若确认丢失，需填写行李报失单，交航空公司解决。领队应记下机场服务人员的姓名及联系电话，以备日后查询。若行李于国际运输过程中受到损害，应与损害发生7日内以书面形式向承运人提出索赔申请。

（3）清点行李。无误后领队带领游客前往海关处通关。

4. 办理入境海关手续

通关前，领队要协助游客填写好海关申报单，然后持海关申报单接受海关查验。通常情况下，海关检查一般为例行检查，领队带领游客经过海关时，把申报单交付海关人员后，即可离开。但有时海关人员要对行李进行开箱检查，甚至对当事人进行搜身检查。领队应告诫游客，如海关人员进行抽查，应当服从配合检查而不要与之争执。通过后，立即收取游客的护照，由领队统一保管。

5. 与接待社导游员汇合

领队带领团队办完上述手续后，应举起领队旗，带领全体游客来到机场出口，与前来迎接的导游员汇合。

与当地的导游员见面后，领队做自我介绍，交换名片，互留电话。随后进行简短的工作交流。内容应包括：告知对方旅游团人数和旅游团情况，明确下榻饭店的时间、距离，转达游客的建议和要求、与地接导游员约定核对商定日程时间。

在离开机场、上车前，领队应清点人数，提醒游客带好托运行李和随身行李。

四、境外游览服务

1. 核对、商定日程

领队每到一目的地国家（地区），都要尽快与当地导游员核实、商定行程。对行程表所涉及的住宿、用餐、购物、观看演出等诸多细节也要一一进行沟通。发现不一致的地方，应及时请导游员与接待社联系，取得一致意见；若有必要，应报组团社，请求帮助协调。

导游员有时会对行程提出修改意见，领队应坚持“调整顺序可以，减少项目不行”的原则，必要时要报告国内组团社。

2. 监督当地导游人员落实旅游合同

在目的地国家（地区）游览期间，领队应督促当地接待社和导游人员按旅游合同约定的内容和标准提供服务。当旅游团行程计划有变更时，领队一定要提前与下一站的地接社联系，告知变更情况。

（1）安排游客下榻饭店，协助游客解决入住后的有关问题。

（2）协助导游员安排用餐，做好文明用餐提醒。

（3）让游客清楚了解每日行程，辅助导游员完成游览计划。

（4）做好购物服务，介绍旅游目的地国家（地区）的退税规定，提醒游客索要购物发票。

（5）协助安排好观看演出，提醒游客观看时的注意事项，自始至终坚守岗位。

3. 维护旅游团内部团结，协调游客之间、游客和当地导游之间的关系，及时处理各种矛盾。

4. 保障游客的人身和财产安全

领队要经常提醒游客注意自身及财物安全。随时清点人数，以防游客走失；还要留意周围的环境和游客的动向，做好预防工作，保护游客安全。保管好游客的护照、签证、机票等票据。

5. 对严重突发事件，要及时妥善处理

（1）对于发生的游客在境外滞留不归的事件，领队应及时向组团社和我国驻所在国使领馆报告，寻求帮助。

（2）如发生境外意外死亡事件，领队应及时报告组团社和我国驻所在国使领馆，并通知家属前来处理。在处理时对抢救经过报告、死亡诊断证明、死亡公证、遗物、遗体火化等事项的处理须死者家属、使馆人员、领队、全陪、地陪及当地有关单位人员在场。

五、目的地国家（地区）离境服务

1. 离境前的准备

（1）核实机票。在离境前一天，领队应与当地导游再次核实机票内容。包括旅游团名称、团号、前往目的地、航班等。

（2）办理离店手续。告知旅游者叫早时间，提醒游客结清有关账目，提醒游客将护照、身份证、机票等随身携带，清点行李。

（3）领队代表组团社和旅游团向接待社、导游及司机表示感谢。

2. 办理乘机手续

（1）领队要带领游客及其行李到航空公司值机柜台前办理行李托运手续。

（2）领队要主动报告全团乘机人数，交付全部的护照和机票，领取登机牌。办完乘机手续，领队要当面点清护照、机票、登记卡、行李牌。

（3）领队要向游客介绍下一步要办的离境手续，并将护照、机票、登记卡逐项发还给游客。

3. 办理离境手续

（1）填写出境卡

许多国家的出境卡与入境卡印刷在一张纸上，游客在入境时就已经填写完成。如果游客不慎将夹在护照中的出境卡丢失，就需要再补填一张。有些国家不需要填写出入境卡，如瑞士等。持另纸团队签证的旅游团，在离开他国境时，通常也不需要填写出境卡。

（2）通过离境边检

在进入离境边检区域前，领队要带领全团游客与当地导游员道别，对其工作表示感谢。

进入边检区域后，领队要带领游客在出境检查柜台前排队，依次办理出境手续。游客交上护照、机票、登记卡后，站立等候查验。如查验无误，离境官员将在护照上盖离境印章，或在签证上盖“USED”（已使用）的印章，然后将所有物品交还游客，离境手续即告完成。

（3）办理海关手续

离境前，领队应当向游客说明该国出境携带物品的规定，以便出境时申报。

通关前，领队应协助游客填写海关申报单。无申报物品的游客，无须填写海关申报单，径直走过海关柜台即可。

多数国家的机场海关，会以抽查的方式进行检查，如发现游客携带了限制出境的物品而没有申报，则会受到惩处。

（4）办理购物退税手续

欧洲、澳洲以及南非等许多国家或地区，都有对游客购物实行退税的规定。但不同国家的机场在办理退税手续的程序上有所差别。领队可先向机场查询并告知游客。

领队带领办理购物退税的游客到海关退税处，出示申请退税的商品和发票，海关人员在免税购物票据上盖章后，再到离境处的退税台取回退还的费用。

（5）引导游客登机

领队应注意收听机场的广播，或向机场内的咨询台询问，或从电脑大屏幕上查询了解所搭乘航班的登机闸口或登机时间是否改变，确认后告诉游客，并提醒游客切勿因逛免税商店而误了登机时间。

领队要提前赶到登机闸口，清点人数，尽快与未能及时赶到的游客联系，以免误机。

六、入中国境服务

1. 接受检验检疫

领队带领旅游者到“中国检验检疫”柜台前，交验健康申明卡，配合检查人员接受体温测量。

2. 接受入境边防检查

领队带领游客在边检柜台前排队，游客将护照交入境检查员，核准后在护照上加盖入境验讫章，退还护照，完成入境边检手续。

3. 领取托运行李

领队带领游客到行李转盘前领取自己的托运行李。如果有游客发现托运的行李遗失，领队要协助游客与机场行李值班室进行联系、登记。通常在查找21天后仍无下落的话，就应当由所搭乘的航空公司负责赔偿。

4. 接受海关检查

如果游客有需要申报的物品，应填写海关申报单交海关查验。对没有物品需要申报的游客，无须填写海关申报单，可直接携带行李到海关柜台前接受检查。

出境时游客已经申报的旅行自用物品，如照相机、摄像机、个人电脑等，游客复带入境应出示出境时填写的申报单。

5. 与游客告别

团队抵达指定的分散地点后，领队要致欢送辞，与游客分手告别。

七、后续工作

1. 处理游客委托、投诉等遗留问题

带团结束后，领队要在旅行社领导的指导下，认真办理游客的委托事宜，并协助旅行社处理可能出现的投诉问题，做好善后工作。

2. 汇报并填写《领队日志》

（1）带团结束后，领队要将游客有价值的提议、重大事情的处理过程以及尚待解决的问题，整理后向旅行社汇报。

（2）《领队日志》是团队运行的原始记录，也是领队带团出境的总结报告。领队应按照要求填写《领队日志》。

主要内容包括：住宿饭店、用餐、游览、导游、当日交通工具的运用等。

3. 报账和归还物品

带团结束后，领队应在旅行社规定的时间内（一般为一周），及时到旅行社财务部门进行报账。并尽早交还出团时所借出的带团物品。

4. 与游客保持联络

领队带团归来，可以通过打电话、发短信或者通过Email以及QQ、微信等与游客保持联系，表达问候并感谢游客在整个旅游过程中对工作的支持和配合，加深游客对领队及旅行社的良好印象，以期待未来的再次合作。

情境体验

巴黎被抢

领队柳先生带领张女士一行二十几人从上海出发，坐了十多个小时飞机，抵达法国戴高乐机场。大约晚上7点半，当大家在机场附近的中餐馆吃完晚餐出门后，被一群黑人抢劫。当时，包括领队柳先生在内的三人随身携带的挎包被拉断。柳先生还被三个黑人按在地上打，眼镜被打飞，鼻梁也被打破了。

从未见过这种场面的张女士等人，吓得飞奔逃命，她回忆道："我跑得飞快，有两名五十多岁的游客跑不快，她们被两个劫匪抢了包。包里有现金、身份证和银行卡，还有治疗高血压和心脏病的药。在法国，这些药都是处方药，她们只能吃其他团友的药应急。当时的场景真的就跟电影中的抢劫一样，被抢的两名游客事后一直浑身发抖。我们看到劫匪抢完包就赶紧跑了，当时没看清她们手里有没有凶器，但是听司机说，这些黑人通常会带刀或枪……"

近年来赴法国观光旅游的中国游客日益增多，遭盗抢事件也时有发生。鉴于法国部分景点、商店、地铁、火车站是盗抢案件高发区，出境前领队应重点提醒游客哪些问题？当遭遇危险时领队应如何应对？

（资料来源：李娌编著：《导游服务案例详解》，旅游教育出版社，2014年版）

任务拓展

一、航空公司对旅客行李的规定

1. 关于件数的规定。免费交运行李为2件。

2. 关于行李大小的规定。每件行李三边之和不得超过62英寸（158厘米），其中经济舱和旅游折扣票价两件行李三边总和不超过107英寸（273厘米）。

3. 关于重量的规定。中美、中加航线：一律每件不超过32千克；其他航线：头等舱每件不超过40千克，公务舱每件不超过30千克，经济舱和旅游折扣票价每件不超过20千克。

4. 关于行李赔偿的规定。托运行李如发生丢失或损坏，由航空公司负责赔偿，赔偿金额每千克不超过人民币100元。如行李价值每千克低于100元，按实际价值赔偿。如果托运行李价值超过人民币100元，可以办理行李声明价值，航空公司收取相应的声明价值附加费。每一件行李最高声明价值为人民币8 000元。

二、中国籍旅客带进物品限量表

（中华人民共和国海关总署1996年8月15日修订）

类　别	品　种	限　量
第一类物品	衣料、衣着、鞋、帽、工艺美术品和价值人民币1 000元以下（含1 000元）的其它生活用品	自用合理数量范围内免税，其中价值人民币800元以上，1 000元以下的物品每种限一件
第二类物品	烟草制品 酒精饮料	（1）香港、澳门地区居民及因私往来香港、澳门地区的内地居民，免税香烟200支，或雪茄50支，或烟丝250克；免税12度以上酒精饮料限1瓶（0.75升以下） （2）其他旅客，免税香烟400支，或雪茄100支，或烟丝500克；免税12度以上酒精饮料限2瓶（1.5升以下）

续 表

类 别	品 种	限 量
第三类物品	价值人民币1 000元以上，5 000元以下（含5 000元）的生活用品	（1）驻境外的外交机构人员、我出国留学人员和访问学者、赴外劳务人员和援外人员，连续在外每满180天（其中留学人员和访问学者物品验放时间从注册入学之日起算至毕业结业之日止），远洋船员在外每满120天任选其中1件免税 （2）其他旅客每公历年度内进境可任选其中1件免税

注：

1. 本表所称进境物品价值以海关审定的完税价格为准；

2. 超出本表所列最高限值的物品，另按有关规定办理；

3. 根据规定可免税带进的第三类物品，同一品种物品公历年度内不得重复；

4. 对不满16周岁者，海关只放行其旅途需用的第一类物品；

5. 本表不适用于短期内多次来往香港、澳门地区旅客和经常进出境人员以及边境地区居民。

项目回顾

1. 通过本环节学习，掌握地陪、全陪、景点（区）导游、出境领队导游服务各阶段的工作流程和服务标准。

2. 以表格的形式列出地陪、全陪、景点（区）导游、出境领队导游服务流程知识点，构建知识框架，深化知识的理解。

项目三

导游服务技能

项目导读

本模块围绕“导游带团技能、导游语言技能、旅游者个别要求及问题的处理”三个任务开展教学活动，使学生掌握导游服务的各种方法和技能，能够独立处理游客提出的特殊要求，达到顺利完成导游服务任务的目的。导游员在导游服务过程中应当认真学习、掌握并不断总结丰富导游服务的各项技能，保障游客的旅游活动安全、顺利进行。

教学建议

1. 教师搜集相关视频和优秀案例融入课堂教学中，丰富学生视野。
2. 邀请本校导游专业优秀毕业生给学生做讲座，让学生感受优秀导游的素质。
3. 组织学生深入旅游企业进行技能实训。

学习目标

1. 掌握导游人员带团的相关技能。
2. 了解导游语言的概念，掌握导游语言的基本要求、类型及常用的讲解方法。
3. 能够妥善处理游客个别要求及其相关问题。

读一读

像小草奉献着生命的绿色

——“最美导游”张潇潇事迹点滴

广东省拱北口岸中国旅行社有限公司的导游张潇潇，一位普普通通的女孩子，却拥有很不普通的荣誉：“全国红色旅游导游员讲解员大赛暨广东省选拔赛一等奖和最佳口才奖”、“全国优秀导游员”、2012年作为党代表出席了广东省第十一次党代会……张潇潇以自己的行动诠释着“最美导游”的真实内涵。

在张潇潇的挎包里，姜片、口香糖、风油精等是常备物品。多年的导游生涯使她练就了一身过硬的服务本领，凭客人的一个眼神，一个动作，她已把客人所需要的东西提前准备好，往往令客人很惊喜：“你怎么知道我要呢？”

一般人看来，导游常常带团出门，天南海北跑，“吃喝玩乐”挺潇洒的。张潇潇说，其实我们手上举着导游旗，肩上扛的是沉甸甸的一份责任。2006年10月，张潇潇带领一个退休教师团去云南观光游览。在参观玉龙雪山时，有一位原来教生物的老师，对昆虫尤其是对玉龙雪山的蝴蝶资源十分感兴趣，一个人上山观察，忘了集合时间。当时，山上山下温差很大，山上有厚厚的积雪，这位老师的年岁较大，而且未带手机。张潇潇一边通过景区广播寻人，一边在海拔4000米的地带四处寻找。零下的气温，张潇潇竟出了一身汗。一个半小时后，山下工作人员联络到张潇潇，说客人已经寻回并送上车，张潇潇才放心乘缆车下山……

“铜头，铁腿，蛤蟆肚，婆婆嘴”，很形象地说明了导游工作的艰辛。而张潇潇说，不论有多辛苦和委屈，听到“谢谢”，就会有一种幸福感。2009年8月，张潇潇带一个旅游团在台湾遭遇台风，客人在酒店已住两天想换一换口味。风雨太大，外卖不提供送餐服务，张潇潇就一人外出去买。风雨太大，根本无法撑伞，她手提十几份餐盒，在酒店门口被大风吹倒，后脑着地鲜血直流。后来去医院救治，她的头、手各缝2针；尾椎受创，一时不能坐卧。从台湾回到珠海后，张潇潇因脑震荡造成三个月的眩晕。每当提起这事，张潇潇表示一点也不后悔。“能用真诚的服务赢得旅客真情，就什么都有啦！”

十年导游生涯，十年辛苦不寻常。面对这些荣誉，张潇潇表示，自己只是以一个普通导游员，也是以一名普通共产党员的身份，做了自己应该做的分内事。"就像小草，在风雨中，默默奉献着自己生命的绿色。"她笑着对记者说。

（资料来源：新华网www.xinhuanet.com）

点评：在经济高速发展的今天，导游为展示旅游形象、传播先进文化、促进中外交流、推动旅游业发展做出了积极贡献。在我国旅游业转型升级过程中，导游扮演着重要角色，增进了社会公众对旅游行业的深刻认知，为整个旅游行业提升了自信。

任务1 导游带团技能

导游人员的带团技能，是导游人员根据旅游团的整体需要和不同游客的个别需要，熟练运用技能提高旅游产品使用价值的实现方式和技巧的能力。导游带团技能是导游服务技能的重要组成部分，也是贯穿于带团全过程的重要环节，其水平高低直接影响导游服务的效果，是每个导游员不可忽视的工作。

任务描述

微笑的重要性

小张每次带团都十分认真，但旅游者反映却不理想，她一直感到纳闷。一天，一位旅游者送给她一盘录像带，当她打开电视机观看录像带时才惊讶地发现带团时自己的那张脸毫无表情，难怪客人不满，究其原因就是总是给客人一张没有表情的脸。从那以后，她经常练习微笑，对着镜子练，和同事朋友练，处处提醒自己注意。经过一段时间的练习，终于收获客人的好评。

（资料来源：蒋文中主编：《导游部操作实务》，旅游教育出版社，2006年版）

讨论：1. 导游员小张为什么得不到游客的认同？

2. 作为一名合格的导游人员应该如何把握游客的心理做好服务工作？

知识点拨

一、导游员带团服务基本原则

1. 游客至上原则

游客至上是旅游行业的服务宗旨、行动指南。导游人员在带团过程中，要有强烈的责任感和使命感，在任何情况下都要严格遵守职业道德，将维护游客的合法权益放在首位，真正做到“游客至上”。

2. 履行合同原则

履行合同是导游人员职业操守的首要准则。作为旅行社的代表，导游人员处在旅游接待的第一线，其带团工作要以旅游合同为基础，能否认真履行旅游合同，是评价导游人员带团工作是否称职的基本尺度。

3. 服务至上原则

服务至上的核心是关心客人，永远把宾客放在心上。服务至上是导游人员职业道德中的一项最基本的道德规范，也是旅游服务工作中处理问题的出发点。

4. 公平对待原则

尊重他人是人际交往的一项基本准则。不管游客来自哪里，也不管游客的肤色、语言、宗教信仰以及消费水平如何，导游人员均应一视同仁，公平相待。

二、与游客交往的技能

导游服务的对象是游客，带好旅游团，关键是带好游客。因此，导游员与游客要尽快建立起良好的人际关系，这是提高导游服务质量、保证旅游活动顺利开展的根本保证。

1. 全面了解游客

导游人员要想有效开展心理服务，首先必须了解游客的心理。

（1）从人口统计特征了解游客

每个国家、每个民族都有自己的传统文化和民风民俗，人们的性格和思维方式各不相同，即使是同一个国家，不同地区、不同民族的人思维方式也有很大的差异；来自不同阶层和不同职业的游客，不同性别和年龄的游客，他们的心理特征、生活情趣各不相同。

① 不同区域

从区域来看，东西方民族在性格和思维上存在差异。东方民族由于历史上长期受到中国儒家文化的影响，为人处世一般比较含蓄，善于控制感情，往往委婉地表达意愿。东方民族的思维方式一般从抽象到具体、从大到小、由远及近。西方人一般比较开放、爱自由、易激动，感情比较外露，喜欢直截了当地表明意愿。西方人的思维方式一般从具体到抽象、从小到大、由近及远。

② 不同阶层

地位较高的游客受身份的限制，大多严谨持重，不轻易发表看法和意见，一旦发表就希望得到导游员的重视；他们期待听到高品位的导游讲解，获得高雅的精神享受。一般游客则喜欢不拘形式的交谈，话题广泛，比较关心社会焦点问题和当前热点话题；参观游览时希望听到传奇性的故事传说，轻轻松松地旅游度假。

③ 不同年龄和性别

老年游客好思古怀旧，对名胜古迹、会见亲朋好友有很大的兴趣。他们希望导游员能主动与之交流，希望得到尊重；年轻游客好奇心强，行动节奏快，喜欢多动多看，好表现，热衷热门话题的讨论。女性游客行事谨慎，感情丰富，情绪易受环境影响，自制力较弱；男性游客比较开朗务实，考虑问题比较实际。

（2）从不同的个性特征了解游客

不同性格类型的游客在旅游活动中会有不同的心理表现，导游员应根据他们的特征提供导游服务。

① 活泼型游客

活泼型游客爱交际，好讲话，乐于助人，喜欢参与变化大、刺激性强、花样多的项目。导游员应根据其性格特征扬长避短，主动与之交朋友，多征求他们的意见和建议，适当让他们活跃气氛，请其协助照顾年老体弱者。

② 急躁型游客

急躁型游客性急、好动、易冲动、好遗忘、情绪不稳定，比较喜欢单独行动。导游员应当根据急躁型游客的特点，避其锋芒，不与其争论，不与他们过多地计较，对他们服务要热情周到，随时注意他们的人身和财物安全。

③ 稳重型游客

稳重型游客一般不轻易发表见解，一旦发表就希望得到尊重。导游员要尊重他们，与他们交谈时要客气、诚恳，认真对待他们的意见和建议，尽量满足他们合理而可能的要求。

④ 忧郁型游客

忧郁型游客身体弱，易失眠，抑郁孤独，少言语，重感情，对人对事较为敏感。导游员与之相处要格外小心，尊重他们的隐私；要多接近他们，但不能过分地表示亲热；要与他们谈一些愉快的话题，但不要与之高声说笑，更不要与他们开玩笑。

上述四种典型性格的游客，以活泼型和稳重型居多。在实际生活中，大多数游客往往是以一种性格为主，兼有其他类型性格的复合型性格特征，且往往在特定地环境中会发生变化，有时会有复杂又特殊的表现。因此，导游员向游客提供服务时要因人而异，要随时观察游客的情绪变化，及时调整，力争使导游服务更具针对性，获得游客满意的效果。

（3）从分析游客心理了解游客

游客来到异国他乡，生活习惯和生活节奏的变化，会使游客在不同阶段的心理活动随之发生变化。

① 旅游初期：求安全、求新、求异心理

游客初到一地，较为兴奋激动，但人生地疏、语言不通，容易产生孤独感、茫然感和不安全感。在消除游客不安全心理的同时，导游员要抓住这一时期游客对其依赖性较强的心理，维持好活动秩序，规定好游览纪律和日程安排，为下一阶段的活动打好基础。

② 旅游中期：懒散、求全心理

随着时间的推移，接触的增多，旅游团成员间、游客与导游员之间越来越熟悉，游客先前的紧张心理慢慢消失，取而代之的是轻松愉快的感觉。这时候，游客往往会表现出时间观念差、群体意识淡薄、丢三落四、注意力不集中，对导游服务提出一些不切合实际、过高的要求。因而，这一阶段出现的问题最多，导游员的服务工作最为艰巨、任务最重，也最容易出现差错。因此，导游员要时刻保持精力高度集中，讲解要精彩，多强调注意事项，保证旅游活动的顺利开展，让游客获得最大的满足。

③ 旅游后期：忙于个人事务

旅游活动后期，游客的心情波动较大，开始忙于个人事务。这时，导游员要合理安排好最后阶段的日程，要留给游客充足的时间处理个人事务，必要时做一些补救工作，尽力挽回消极影响，消除游客的不满心理。

2. 把握心理服务的要领

（1）尊重游客

尊重游客，就是尊重游客的人格和愿望，在合理而可能的情况下尽量满足游客的要求，满足他们的自尊心。导游员应当明白，尊重人是人际关系中的一项基本准则，只有游客自我尊重的需求得到满足时，游客才会愿意配合导游员的工作。因此，导游人员要妥善安排，使游客获得自我成就感和自豪感，从而在心理上获得最大的满足。

（2）使用柔性语言

导游语言是一门学问，也是一门艺术，对带团效果有直接和重要的影响。导游人员在与游客交往时应注意语言表达的方式，语气亲切，语调柔和，措辞委婉，说理自然。这样的“柔性语言”既使人感觉愉悦亲切，又有较强的征服力，往往能达到以柔克刚的交际效果。

（3）微笑服务

微笑是一种无声的语言，具有强化有声语言、沟通情感的功能。在旅游服务中，微笑能使人产生一种亲切感，能缩短人与人之间的距离，更能体现出对人的一种尊重。导游人员若想向游客提供成功的心理服务，就得学会笑口常开，养成逢人就亲切微笑的好习惯。

（4）提供个性化服务

提供个性化服务是导游人员在做好规范化服务的同时，针对游客个别要求而提供的服务。这些细微服务会使游客感到导游人员心中有他们，随时在关心着他们，从而产生对导游人员的信任。因此，“细微之处见真情，莫因事小而不为”，应是导游人员时刻牢记的箴言。

3. 不同类型游客的接待方式

对于性格温和的游客，导游人员应以礼相待；对于猜疑型游客，导游人员讲话应注重证据，避免使用模棱两可的语言；对于傲慢型游客，导游人员应充分让其展示，以谦逊的态度进行耐心说服；对于性格内向的游客，导游人员应亲切对待，忌用粗鲁言语相待；对于爱挑毛病的游客，导游人员讲清道理即可；对于沉默寡言型游客，导游人员应主动与之攀谈；对于自由散漫的游客，导游人员应礼貌耐心说服。

三、团队协作技能

导游工作是联系各项旅游服务的纽带和桥梁，导游人员在带团时离不开其他相关旅游服务部门和工作人员的协助。

1. 与领队的协作

领队是受海外旅行社委派，全权代表该旅行社带领旅游团从事旅游活动的人员。在旅游团中，领队既是海外旅行社的代表，又是游客的代言人，还是导游服务集体中的一员，在海外社、组团社和接待社之间以及游客和导游人员之间起着桥梁作用。导游人员能否圆满完成任务，在很大程度上要靠领队的合作和支持。因此，处理好与领队的关系就成为导游人员不能忽视的重要内容。

（1）尊重领队，主动争取配合

带团到中国来旅游的领队，多数是职业领队，在海外旅行社任职时间较长且受过专业培训，对我国的情况尤其是我国旅游业的业内情况相当熟悉。导游人员应尊重领队，遇事多同其商量，一方面可以得到他们的配合，另一方面有利于导游人员提供针对性服务。旅游团抵达后，导游人员应尽快与领队商定旅游日程安排，如无原则问题应尽量考虑采纳领队的建议和要求；在遇到问题时，全陪、地陪更要与领队磋商，争取领队的理解和支持。

（2）多给领队荣誉，调动领队积极性

要想处理好与领队的关系，导游人员还要注意多给领队荣誉。在一些显示权威的场合，应多让领队出头露面。如游览日程商定后，可请领队向全团游客宣布。只要导游人员真诚对待领队，领队会领悟到导游人员的良苦用心，采取合作的态度。

（3）工作上给予支持，生活上适当照顾

职业领队常年在异国他乡履行自己的使命，工作十分辛苦。由于其特殊身份，游客一般只会要求领队关心自己而很少主动关心领队。因此，导游人员如果对领队在生活上表示关心，工作上给予支持，他会很感激。当领队需要帮助时，导游人员应主动助其一臂之力，但应注意掌握分寸，以免引起旅游者的误会和心理上的不平衡。

（4）坚持原则，避免与领队正面冲突

在导游服务中，全陪、地陪与领队在某些问题上意见相左是正常现象。导游人员应首先主动与其沟通，力求及早消除误解，避免分歧扩大。遇到原则性问题时，导游人员应坚持原则，分清责任。对违反合同内容、不合理的要求不能迁就，对于某些“过火”或带侮辱性的语言不能置之不理，要根据“有理、有利、有节”的原则讲清道理，使其主动道歉，但要尽量避免与领队发生正面冲突，要适时给领队台阶下，以维护领队的自尊和威信，争取以后的合作。

2. 与司机的协作

旅游车司机比较熟悉旅游线路，经验丰富，在旅游活动中扮演着非常重要的角色。导游人员与司机配合的好坏，是导游服务工作能否顺利进行的重要因素之一。

（1）及时通报信息

旅游线路有变化时，导游人员应提前告诉司机。如果接待外国游客，在旅游车到达景点时，导游人员用外语向游客宣布集合时间、地点后，要记住将以上信息用中文告诉司机。

（2）协助司机做好安全行车工作

多数司机具有丰富的驾车经验，能胜任旅游团的安全驾驶任务，但导游人员仍要协助司机做好安全行车工作，如帮助司机更换轮胎，安装或卸下防滑链，或帮助司机进行小修理；保持旅游车挡风玻璃和车窗的清洁；不要与司机在行车途中闲聊；遇到险情，由司机保护车辆和游客，导游人员去求援。

（3）征求司机对日程安排的意见

导游人员应注意倾听司机的意见，使司机产生团队观念和被信任感，积极参与导游服务工作，帮助导游人员顺利完成带团任务。

3. 与旅游接待单位的协作

旅游产品是一种组合型的整体产品，不仅包括沿线的旅游景点，还包括沿线提供的交通、食宿、购物、娱乐等各种旅游设施和服务，需要旅行社、饭店餐厅、交通部门、游览娱乐场所等旅游接待单位的高度协作。因此，导游人员要处理好与旅游接待单位的关系。

（1）及时协调，做好衔接工作

导游人员在服务过程中，要与饭店、车队、机场、车站、景点、商店等许多部门和单位打交道，其中任何一个接待单位或任何一个环节出现失误和差错，都可能导致严重的后果。导游人员在服务工作中，要善于发现或预见各项旅游服务中可能出现的差错和失误，通过各种手段及时调整和协调，使各个接待单位的供给恢复有序。

（2）主动配合，争取协作单位的帮助

导游服务工作的特点之一是独立性强，导游人员一人在外独立带团，常常会有意外、紧急情况的发生，仅靠导游人员一己之力往往很难解决。因此，导游人员要善于利用与各地旅游接待单位的协作关系，主动争取协作单位的帮助。

情境体验

地陪导游员小孙带领团队游览青岛崂山风景区。进入景区前，小孙按照常规在售票处购买了20张游客门票。检票时，全陪小刘才发现自己的导游证忘在旅游大巴上，无法出示。景区工作人员按照相关规定要求小刘购买门票，但是小刘坚决拒绝。他认为自己是全陪，根本不需要购买门票。双方你来我往，时间因此耽搁了十多分钟。

请分析：

1. 你认同全陪小刘的做法吗？

2. 此时，作为地陪导游员小孙应该如何处理？

任务拓展

熟悉德国游客审美习惯，帮助游客获得最佳享受

全国优秀导游肖先生是出色的德语导游，20多年来在旅行社从事一线接待工作和管理工作，曾担任入境游公司和导游公司的管理人员。他不断完善语言能力，丰富跨文化知识，针对德国团队的特点提供优质服务，令客人对他的带团技巧赞叹有加。

肖先生对德国游客的旅游审美很有研究。通过查阅资料以及和游客交流，他总结出几点：（1）德国游客来华访问时，不但喜欢了解中国高速发展的经济成就，还喜欢了解旅游地的历史底蕴、传统文化和地方特色。（2）在欣赏自然风光时，他们不喜欢千篇一律的景观，不喜欢太多修饰的景观，他们认为互相模仿的景点是没有生命力的。针对德国游客的这些特点，肖先生和同事们经过摸索研究，设计出了一系列极具岭南特色的广东行程：参观广州骑楼、西关大屋、清平药材市场、广州花

市、世界文化遗产——开平碉楼等；在带团过程中，肖先生着重讲解本地历史传统和人文风情，使德国游客的审美需求得到了满足，反响甚好。

（资料来源：王晓宁、易婷婷主编：《导游实务案例与分析》，中国人民大学出版社，2014年版）

1. 请阐述导游人员研究游客审美心理和审美需求的重要性。

2. 除了审美特点，德国游客还有哪些特点？接待德国团队时，导游人员要注意什么？

【服务提示】

1. 由于个体差异，旅游者的审美需求多种多样。尽管自然美和人文美都有其客观属性和形式，但是旅游者的审美意识和审美活动带有社会性、时代性、国别性、民族性和主观选择性，导游应尊重他们在文化背景中客观存在的差异，尊重他们的审美习惯，充分考虑其审美需求和动机，认真研究旅游者的审美类型，在接待过程中细心观察，识别游客固有的审美习惯，了解不同民族的审美观和审美标准，针对其审美意向来安排旅游活动，突出最能诱发其审美兴趣的内容，使游客进入审美境界。

2. 德国人严肃、沉稳，不尚浮夸。刚开始交往，他们给人的印象往往是沉默寡言、不苟言笑，显得呆板而沉重。接触时间长了，就会觉得他们待人接物严肃拘谨，但却态度诚恳、为人质朴、乐于助人。德意志民族是一个团结自律的民族，在公共场合礼让老弱妇孺，不打闹喧哗，讲究公共卫生，不喜欢在别人背后说长道短。他们也十分喜爱欢乐喜庆的场面，和朋友、熟人在一起也爱热闹。导游人员要注意：德国人时间观念强，他们希望旅行社能准备充分，准确安排旅游的主题、日程，行程中的每一个景点都有限定的游览时间，导游的讲解陈述应清楚果断、逻辑性强，还需要引用数据支持。德国人收入高，消费注重品质，导游推荐的产品必须有质量保证。在饮食方面，德国游客喜欢猪排、牛排、香肠、汤类和啤酒等。

任务2 导游语言技能

语言是导游服务的重要工具和手段，在导游的人际沟通交往中起着方向性的作

1. 口头语言

导游服务中，口头语言的使用频率最高。其主要包括独白式和对话式两种表达方式。独白式是一种导游员讲解、游客倾听的单向语言传递方式，它的特点是目的性强，对象明确，表达充分。在导游服务过程中，使用最为普遍。对话式是导游员和游客之间的双向语言传递方式，是导游员与一位或数位游客之间的交谈，可以是问答，也可以是商讨。它的特点是依赖性强、反馈及时。

2. 书面语言

书面语言作为导游语言，主要表现为旅游宣传资料的文字内容，可以帮助游客了解游览目的地的概况，进一步理解和记忆导游讲解的内容，更可作为一种纪念品。在导游讲解中，很多书面语值得导游员参考，经过咀嚼、消化，转化为口头语，成为讲解内容的一部分。

3. 态势语言

态势语言，又称为身体语言，是以人的姿态、表情和动作等来表示一定语义和进行信息传递的无声语言。虽然它是一种伴随性语言或辅助性语言，但在导游语言中却是一个不可或缺的部分，有时还会起到口头语言不可替代的作用，有利于促进导游员和游客之间的信息传递和情感交流。讲解时的态势语言有表情语、目光语、姿态语、手势语等。

（1）表情语

表情是指眉、眼、鼻、耳、口及面部肌肉运动所表达的情感。美国心理学家艾伯特·梅拉比安在研究的基础上提出了一个公式：信息的总效果=7%言词+38%语调+55%面部表情。由此可见，面部表情在导游讲解中占据着十分重要的位置。面部整体表情必须注意：要有灵敏感；要有鲜明感；要有真实感；要有分寸感。

（2）目光语

眼睛是心灵的窗户。导游讲解是导游员与游客之间的一种面对面的互动，双方需要进行“视觉交往”。因此，导游员在导游工作中要善于运用目光语。讲解时，常用的目光语主要有：目光的联结、目光的移动、目光的分配、眼球的移动以及讲解与视线的统一。

（3）姿态语

姿态语是指身体在一定场合中以体姿所传递的信息。“站如松、坐如钟”就是指人们在公共场合应有的体姿。导游员的姿态语主要包含坐姿和立姿两种形式，其与导游服务密切相关，要站有站相，坐有坐相。

（4）手势语

导游员进行导游讲解时，运用手势语言不但能强调或解释讲解的内容，而且能生动地表达讲解语言所无法表达的内容。常见的手势语主要包括三种：一是情意手势，用来表达导游讲解的情感，使之形象化、具体化；二是指示手势，用来指示具体的对象；三是象形手势，用来模拟物状。

四、导游讲解常用方法

导游讲解方法有很多种，根据游览的景点不同，主要包括以下几种：

1. 概述法

概述法是指导游员为帮助游客更好地了解景点而在参观游览前介绍景点概况的手法，一般在景点示意图前进行。这是一种辅助性讲解，目的是为了让游客对即将游览的景点有所了解，做到心中有数，以便更好地完成参观游览。概述法并不是单调乏味的叙述，与分段讲解法相结合，才会收到重点突出、繁简有致的效果。

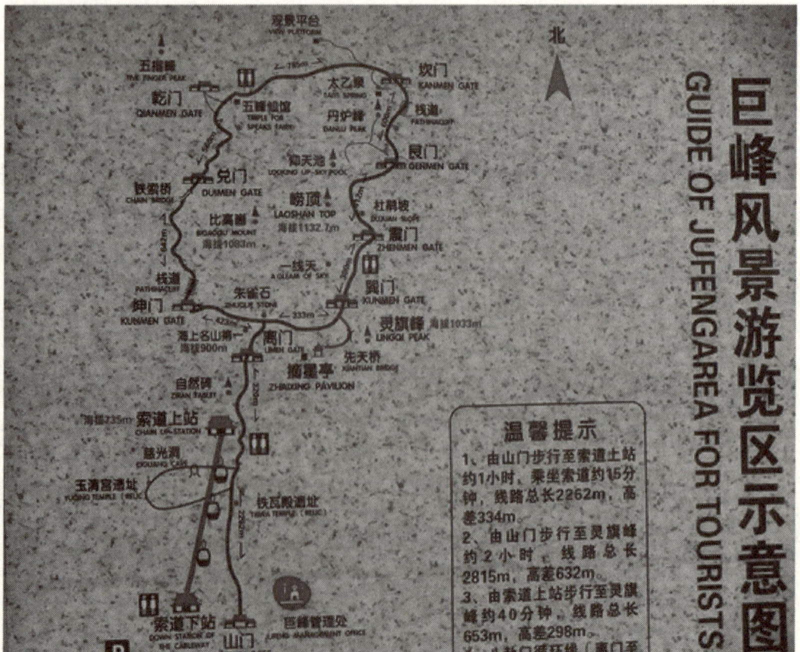

图3-1　景点示意图

2. 分段讲解法

分段讲解法是指将一处大景点分为前后衔接的若干部分来逐段进行讲解的方法。这种方法主要适用于建筑规模或占地面积较大的景点景区。导游员在前往景点的途中或在景点入口处的示意图前介绍景点概况，使游客对即将游览的景点有一个初步的印象。值得注意的是，导游人员在讲解这一景区时不要过多地涉及下一景区的景物，目的是引起游客继续参观的兴趣，让景物讲解环环相扣。

3. 触景生情法

触景生情法就是见物生情、借题发挥的导游讲解方法。第一层含义是导游人员不能就事论事地介绍景物，而要借题发挥，利用所见景物制造意境，引人入胜，使旅游者产生联想；第二层含义是导游讲解的内容要与所见景物和谐统一，使其情景交融，让旅游者感到景中有情、情中有景。

4. 虚实结合法

虚实结合法就是在导游讲解中将典故、传说与景物介绍有机结合，即编织故事情节的讲解方法。这里的实是指景物的实体、实物、史实、艺术价值等，而虚是指与景点有关的民间传说、神话故事、趣闻轶事等。“虚”与“实”必须有机结合，但以“实”为主，以“虚”为辅，“虚”为“实”服务，以“虚”烘托情节，以“虚”加深“实”的存在，努力将无情的景物变成有情的导游讲解。

5. 突出重点法

突出重点法就是导游讲解时避免面面俱到，而是突出某一方面的讲解方法。一个景区的讲解内容往往很多，由于游览时间有限，导游人员应在讲解时根据不同的时空条件和对象有的放矢，做到轻重搭配、详略得当、重点突出。导游人员的讲解应该着重突出大景点中具有代表性的景观、突出景点的特征及与众不同之处、突出旅游者感兴趣的内容、突出“……之最”。

例如：导游在故宫讲解时，面对以建筑业人士为主的旅游团，导游员除一般介绍故宫的概况外，要突出讲解中国古代宫殿建筑的布局、特征，故宫的主要建筑及其建筑艺术，还应介绍重点建筑物和装饰物的象征意义等。面对以历史学家为主的旅游团，导游员应更多地讲解故宫的历史沿革及在中国历史上的地位和作用，还有在故宫中发生的重大事件。

6. 问答法

问答法就是导游员在讲解时向旅游者提出问题或启发他们提问的导游方法。使用问答法的目的是为了活跃游览气氛，激发旅游者的想象思维，促使旅游者与导游人员之间产生思想交流，使旅游者获得参与感或自我成就感，也可避免导游人员唱独角戏的灌输式讲解。具体包括自问自答、我问客答和客问我答。

7. 制造悬念法

制造悬念法是指在讲解时提出令人感兴趣的话题，但又故意引而不发，激起客人急于得到答案的欲望，使其产生悬念，俗称“吊胃口”“卖关子”。这种“欲扬先抑”“先藏后露”的导游讲解方法，会给游客留下极其深刻的印象。制造悬念法是最能活跃气氛、制造意境、提高游客游兴的导游方法，导游员都喜欢运用这种手法。

8. 类比法

类比法就是以熟喻生，达到类比旁通效果的导游手法。类比法主要包括：同类相似类比，将相似的两物进行比较，便于旅游者理解并使其产生亲切感。如将北京的王府井比作日本东京的银座、法国巴黎的香榭丽舍大街；参观苏州时，可将其称作“东方威尼斯”；讲到梁山伯和祝英台或《白蛇传》中许仙和白娘子的故事时，可以将其称为中国的罗密欧和朱丽叶等。

同类相异类比，将两种风物比出规模、质量、风格、水平、价值等方面的不同。例如，在规模上将唐代长安城与东罗马帝国的首都君士坦丁堡相比；在价值上将秦始皇陵地宫宝藏同古埃及第十八朝法老图坦卡蒙陵墓的宝藏相比；在宫殿建筑和皇家园林风格与艺术上，将北京故宫和巴黎附近的凡尔赛宫相比，将颐和园与凡尔赛宫花园相比等，不仅使游客对中国悠久的历史文化有较深的了解，而且对东西方文化传统的差异有进一步的认识。时代对比，可将处于同一时期的不同国家的帝王作类比，也可将年号、帝号纪年转换为公元纪年。导游员要正确、熟练地运用类比法，就必须有丰富的知识，熟悉客源国的情况，并对被比较的事物有非常深入的了解。

9. 画龙点睛法

画龙点睛法是指用凝练的词句概括所游览景点的独特之处，给游客留下突出印象的讲解方法。这种讲解方法既能加深游客的印象，又能激发游客的兴趣，帮助游客进一步领略景点的奥秘，获得更多更高的精神享受。

例如旅游团游览海南后，导游人员则可用“椰风海韵春常在，请到天涯海角来”来赞美海南风光；游览丝绸之路时，可用“西风古道，沙漠情韵”来概括，游览青岛时又可用“蓝天、绿树、红瓦、沙滩、碧海”五种景观来叙述。讲解山水时，又可用“黄山归来不看山，九寨归来不看水”来赞赏，这种画龙点睛的介绍方法，使游客在游览中得到了知识的启迪，获得了美感享受。

10. 数字说明法

数字说明法是一种引用具体的数字精确地说明事物的形体特征、性能特点和功用大小的方法。数字说明，可以用基数，也可以用序数，还可以用“……之最”之类的词语。这是导游员讲解常用方法之一，运用数字忌讳平铺直叙，所以使用数字要讲究“妙用”。

以上是导游员在导游讲解中常用的方法。在实际工作中，各种导游方法和技巧不是孤立的，而是相互渗透、相互依存、互相联系的。导游人员在学习众家之长的同时，必须结合自己的特点融会贯通，在实践中形成自己的导游风格和导游方法，这样才能获得不同凡响的导游效果。

情境体验

学生以小组为单位，任选所在城市的任一景点，通过搜集资料、观看图像视频以及实地勘察等方式，创作一篇具有景区特色的导游词，进行小组间评价。利用课余时间，组织进行一次景区义务导游活动。

表3-1 景点讲解评分表

项目	内容和要求		分值	得分	总分
仪容仪表（10分）	着装干净、整洁、得体；面部表情自然、协调；形体姿态优美、到位；言谈、举止礼貌、得体。符合导游职业形象		10		
讲解内容（40分）	内容	健康、正确、切题，组织合理，讲解无明显错误，内容有独创性。	15		
	文化内涵	具有深厚的文化内涵，能体现物境、情境和意境的统一。	15		
	结构	主题突出、详略得当、重点突出。层次分明、逻辑性强。	10		
讲解策略（20分）	角度新颖，通俗易懂，生动幽默，富有感染力、亲和力，适合情境和服务对象特点。		20		

续表

项目	内容和要求		分值	得分	总分
语言表达（30分）	语音语调	普通话标准，语音标准，语调自然，音量和语速适中，节奏合理。	15		
	表达能力	口齿清楚，语法正确，表达自然流畅。 导游讲解有吸引力；讲解生动、风趣，使用恰当比喻，富有幽默感。	15		

任务拓展

说话八大忌

交际时，讲究说话的技巧和艺术，它会帮助人们实现谈话的目的，提高说话的效率。但说话有八大忌，它会破坏谈话的气氛，甚至会导致谈话的失败。请认真阅读并记住讲话的大忌。

1. 忌抢。谈话时，突然打断客人的讲话或抢过别人的话题去随心所欲发挥，扰乱对方说话的思路，粗鲁地“剥夺”他人说话的机会。

2. 忌散。说话内容庞杂，重心不明，主旨不清，语句散而乱，使客人有“你不说我还清楚，你越说我越糊涂”的感觉。

3. 忌泛。讲话泛泛而谈，东拉西扯，没有中心，使客人不得要领，无所适从；看似健谈，但废话连篇，浪费客人时间，给人以哗众取宠之嫌。

4. 忌急。说话连珠炮似的，使客人应接不暇；发问过急过密，使客人穷于应付，步步紧迫的口吻，同样使人难以接受。

5. 忌空。只会唱高调，没有实际内容，把服务宗旨挂在嘴上，但没有行动表现。成了说话的巨人，行动的矮子。

6. 忌横。在谈话中，突出自我，态度蛮横，不分青红皂白，个人意见第一，轻率地下结论，丝毫不尊重客人的意见；当客人对某些话题谈兴正浓时，却武断地把话题转移到自己感兴趣的方面去。

7. 忌虚。说话故弄玄虚，云山雾罩，让对方迷惑不解；说话虚情假意，缺乏真诚，使客人感到服务人员根本不想为解决困难助一臂之力。

8. 忌滑。说话躲躲闪闪，回避矛盾，避重就轻，支支吾吾，敷衍塞责；用语油腔滑调，低级庸俗。

（资料来源：黄文清编：《服务语言艺术》，高等教育出版社，2003年版）

任务3 旅游者个别要求及问题的处理

游客在旅游期间由于生活习惯、宗教信仰、个人爱好、理想化旅游等方面原因，会向导游员提出各种各样的要求，而且都希望立即得到满足。无论游客提出的要求难易程度如何、合理与否，导游员都必须给予足够的重视，认真对待，按照有关规定和要求妥善处理。因此，妥善处理好游客的个别要求，对导游员来说既是一种能力的考验，也是对服务质量的一种检验。

任务描述

入境游客要求延长在华期限

上海的小棣接待一个欧洲旅游团。团员16人，集体签证入境，按计划10月10日离开上海回国。10月8日，即离境前两天，团员迈瑞因心脏病发作住院需要推迟出境；团员汤姆夫妇提出希望留在中国继续游览；团员麦克提出去另一地办事，顺便探访一位朋友。他们都要求延长在华旅游期限。

（资料来源：李海玲编：《导游带团技能速成——经典案例训练》，中国旅游出版社，2013年版）

讨论：小棣应如何处理国外游客延长旅游期限的要求？

知识点拨

一、游客个别要求的处理原则

1. 合理而可能原则

合理而可能原则是导游员处理问题、满足游客要求的依据和准绳，也是旅游活动顺利进行的重要条件。旅游者是导游员的主要工作对象，满足他们的要求，使他们愉快地度过旅游生活是导游员的主要任务。因此，导游员在带团过程中要细心地观察游客的言行举止，设法了解游客的心理活动，即使游客不开口，也要向游客提供需要的服务。导游员若能做到这一点，其工作必然会得到游客的高度评价。

2. 尊重游客原则

尊重游客是导游员处理个别要求的首要原则。不管游客提出的要求是否合理，导游员都要重视，特别是对那些提出过分要求的游客，导游员坚持有理、有节、不卑不亢的处理原则，对游客以礼相待。只有给予游客足够的尊重，导游员才会得到游客的尊重和理解，他们才会自愿配合支持导游员的工作。

3. 认真且耐心原则

游客提出的要求大多数是合情合理的。但总会有游客提出过于苛刻的要求，给导游员的工作增加难度。有些要求看似合理，但旅游合同上没有规定这类服务或在中国目前还无法提供这类服务。还有些游客出于某种心态，对导游人员的工作横加指责、过分挑剔。

面对游客的苛求和挑剔，导游人员一要认真倾听，不要给予表态；二要微笑对待，不要表示反感并恶语相加；三要耐心解释，态度切忌简单粗暴，尽可能采用柔性语言。总之，对游客的这类要求，导游人员不得意气用事。

4. 等距离服务原则

等距离服务是指对所有游客一视同仁、平等对待的服务。尽管游客的国籍、民族、年龄、性别、身体健康、宗教信仰、社会地位不同，导游员都应尊重他们的人格，对他们一视同仁，热情周到地提供服务，维护他们的合法权益，满足他们的合理要求，切忌厚此薄彼。

二、游客住宿个别要求

旅游过程中，饭店是游客临时的家，对于在住房方面的要求，导游员一定要尽力协助解决。

1. 要求调换房间

根据游客提出的不同理由，有不同的处理方法：

（1）房间不干净。如有蟑螂、臭虫、老鼠等。游客提出换房应立即满足，必要时调换饭店。

（2）客房内设施尤其是卫生不达标。游客提出换房，导游员应联系饭店要求其立即清扫、消毒。如果游客仍不满意，坚持换房，应与饭店有关部门联系予以满足。

（3）房间的朝向、层数不佳。游客要求调换不同朝向、不同楼层的同一标准客房，若饭店有空房应适当给予满足，或请领队在内部调配；无法满足时，应做好解释工作，请求谅解。

2. 要求住更高标准的客房

个别游客要求较高，要求住高于合同规定标准的客房，如果饭店有条件，导游人员应给予满足，但要提醒游客需交付退房损失费和房费差价，事后要将变化情况向旅行社有关人员报告；如果饭店没有相应的房间，要耐心向游客解释，请求谅解。

3. 要求住单间

住双人间的游客要求住单人间，如饭店有空房可予以满足，但房费自理。同屋游客因闹矛盾或生活习惯不同而要求住单人间时，导游人员应请领队调解或在内部调配；若调解、调配不成，饭店有空房的可以满足其要求，但导游人员需事先说明房费由旅游者自理（一般是谁提出住单人间谁付房费）。

4. 要求购买客房内物品

有时游客会看上客房内某一装饰物品或者使用物品，并要求购置，导游人员可协助其与饭店有关部门联系，做好协调工作。饭店可根据有关规定和游客协商解决。

5. 要求延长住宿时间

游客提出延长住宿时间，导游人员应先与饭店联系，若有空房，可帮助解决，但要事先告知房费自理。若饭店没有空房，导游人员可协助联系其他饭店，房费由游客自付。

三、游客餐饮个别要求

俗话说："民以食为天"。跨国界、跨地区的游客对餐饮要求各不相同，因餐饮问题引起游客投诉的情况屡见不鲜。

1. 特殊的饮食要求

由于宗教信仰、生活习惯、身体状况等原因，有些游客会提出饮食方面的特殊要求，如不吃荤，不吃油腻、辛辣食品，不吃猪肉或其他肉食，甚至不吃盐、糖等。对游客提出的特殊要求需要区别对待。

若所提要求在旅游协议书中有明文规定的，接待方旅行社须早作安排，地陪在接团前应检查落实情况，不折不扣地兑现；若旅游团抵达后游客才提出，需视情况而定。一般情况下，地陪可与餐厅联系，在可能的情况下尽量满足；如确有困难，地陪可协助其自行解决。

2. 要求换餐

有时游客要求换餐，如将中餐换成西餐，便餐换成风味餐等。旅游团在用餐前3小时提出换餐要求，地陪要尽量与餐厅联系，按有关规定办理。接近用餐时游客提出换餐，一般不应接受要求，但要做好解释工作；若游客坚持换餐，导游人员可建议他们自己点菜，费用自理。游客用餐时要求加菜、加饮料，可以满足，但费用自理。

3. 要求单独用餐

由于旅游团的内部矛盾或其他原因，个别游客要求单独用餐，此时导游人员要耐心解释，并告诉领队请其调解；如游客坚持，导游人员可协助其与餐厅联系，但餐费自理，并告知综合服务费不退。

4. 要求提供客房内用餐服务

若游客生病，导游人员或饭店服务员应主动将饭菜端进游客的房间以示关怀。若健康的游客希望在客房用餐，餐厅能提供此项服务，可满足游客的要求，但须告知服务费自理。

5. 要求自费品尝风味

旅游团要求外出自费品尝风味，导游人员应予以协助，与有关餐厅联系订餐；风味餐订妥后，旅游团又不想去，导游人员应规劝他们在约定时间前往餐厅，并说明若不去用餐须赔偿餐厅的损失。

6. 要求推迟晚餐时间

游客因生活习惯或其他原因要求推迟用晚餐时间，导游人员可与餐厅联系，视餐厅的具体情况处理。一般情况下，导游人员要向旅游团说明餐厅有固定的用餐时间，过时用餐需另付服务费。

四、游客要求自由活动

参加集体旅游的游客出于种种原因要求自由活动或单独活动时，导游人员应根据不同情况妥善处理。

1. 劝阻游客自由活动的情形

（1）如旅游团计划去另一地游览，或旅游团即将离开本地时，若游客要求留在本地活动，由于牵涉面太大，为不影响旅游团活动计划的顺利进行，导游人员要劝其随团活动。

（2）如地方治安复杂、混乱，导游人员要劝阻游客外出活动，更不要单独活动，但必须实事求是地说明情况。

（3）不宜让游客单独骑自行车去人生地不熟、车水马龙的街头游玩。

（4）游河（湖）时，游客提出希望划小船或在非游泳区游泳的要求，导游人员不能答应，不能置旅游团于不顾而陪少数人去划船、游泳。

（5）游客要求去不对外开放的地区、机构参观游览，导游人员不得答应此类要求。

2. 一般情况下允许游客自由活动

旅游团中有的游客已多次来旅游城市，或已游览过某一景点不想重复，因而希望不随团活动。如果其要求不影响整个旅游活动，可以满足并提供必要的协助。如提醒其记住前往目的地的名称、地址及下榻饭店的名称和电话，帮助找出租车，提醒游客晚饭的用餐时间和用餐地点等。

到某一游览点后，若有个别游客希望不按规定的线路游览而希望自由游览或摄影时，若环境许可（游人不太多，秩序不乱）可满足其要求。导游人员要提醒其集合的时间和地点及旅游车的车号，必要时留一字条，写上集会时间、地点和车号以及饭店名称和电话号码，以备不时之需。

晚上如无活动安排，游客要求自由活动时，导游人员应建议不要走得太远，不要去秩序乱的场所，不要太晚回饭店等。

五、游客要求亲友随团活动

有些游客尤其是港澳台同胞和华侨由于在华活动时间有限，既不愿舍弃参观游览项目，又希望联络与亲友的感情，因此希望亲友随团活动。当游客向导游人员提出这样的要求时，导游人员应该做如下处理。

（1）首先要征得领队或全陪以及旅游团其他成员的同意，同时查看旅游车中是否有空座。

（2）与接待社有关部门联系，如无特殊情况可请随团活动的人员准备好有效身份证件到接待社填写表格，交纳费用，办完随团手续后方可随团活动。

（3）如因时间关系无法到接待社办理相关手续，可电话与接待社有关部门联系，得到允许后代为查阅证件，收取费用，尽快将收据交给旅游者。

（4）若是外国驻华使馆人员或外国记者要求随团活动，应请示接待社领导，按照我国政府的有关规定办理。

六、 游客要求中途退团

1. 有正当理由要求中途退团

游客因患病、受伤、家中有事、工作急需或其他特殊原因，要求中止旅游活动，提前离开旅游团，经接待社与组团社协商后可予以满足，至于未享受的综合服务费，按旅游合同规定，或部分退还，或不予退还。

2. 无正当理由要求中途退团

游客无特殊原因，只是因为某方面要求得不到满足而提出提前离团时，导游人员要配合领队做说服工作，劝其继续随团旅游；若接待社确有责任，应设法弥补；若游客提出的是无理要求，要耐心解释；若劝说无效，游客仍执意要求退团，可满足其要求，但应告知其未享受的综合服务费不予退还。

3. 外国游客要求中途退团

外国游客不管因何种原因要求提前离开中国，导游人员都要在领导指示下协助游客重订航班、机位，办理分离签证及其他离团手续，但所需费用由游客自理。

七、 游客要求延长旅游期限

1. 因伤病延长旅游期限

（1）帮助办理住院、出院手续。

（2）协助办理分离签证，必要时办理延长签证手续。

（3）不时前往医院探视，以示关心并解决病人及家属在生活方面的困难。

（4）帮助办理机票再订座手续以及其他回国手续。

（5）安排车辆送其前往机场，离开中国。

上述服务中所需费用由旅游者自理；住院期间没有享受的综合服务费按协议书的规定或与相关旅行社协商处理，或部分退还，或不予退还。

2. 因其他原因延长旅游期

在华旅游活动结束后，有游客要求继续在中国旅行游览，导游人员应正确处理这类要求。

（1）不需要延长签证，一般可满足其要求。

（2）需要延长签证，原则应予以婉拒，建议他们以后重游中国。若旅游者坚持或者特殊理由，导游人员经请示后可满足其要求。

（3）旅游团离境前，导游人员持旅行社证明帮助需要延长旅游期的游客办理分离签证；协助其订客房，费用由旅游者自理。

（4）旅游团离境后，留下的游客若需要旅行社继续提供导游服务，应与旅行社另签合同，按散客标准收取费用。

八、 特殊游客的接待技巧

游客来自不同的国家和地区，他们在年龄、职业、宗教信仰、社会地位等方面存在较大的差异，导游人员必须给予特别重视和关照。因此，特殊游客的接待工作，格外考验导游人员的专业知识和细微化服务水平。

1. 对儿童游客的接待技巧

在游客中，出于增长见识、健身益智的目的，经常有携带未成年子女旅游的情况。导游人员应注意儿童的生理和心理特征，做好专门的接待工作。

（1）注意儿童的安全

儿童游客的最大特点是好奇、多动、不注意安全，因此要足够重视儿童的安全。地陪可酌情讲些有趣的童话和小故事吸引他们，既活跃了气氛，又使他们不到处乱跑。

（2）掌握“四不宜”的原则

① 不宜在旅游活动中突出儿童，冷落其他游客；

② 不宜给儿童买食物或玩具；

③ 即使家长同意也不宜单独把儿童带出去活动；

④ 儿童生病时，应建议家长请医生诊治，不宜建议其给孩子服药，更不能提供药品给儿童服用。

（3）多关照儿童

导游人员在儿童的饮食起居方面要特别关心。如天气变化时，要及时提醒家长给孩子增减衣服；如果天气干燥，提醒家长多给孩子喝水等。用餐前，考虑到儿童的个子小，地陪应根据具体情况事先给餐厅打电话，请餐厅准备儿童用椅、刀、叉、勺等一些儿童必备用具，以减少用餐时的不便。

（4）注意儿童收费标准

在机票订购、景区门票购买、住房收费等方面，儿童的收费标准是根据年龄、身高确定，因此导游人员需要特别注意。

2. 对老年游客的接待技巧

尊敬老人是中华民族的优良传统。随着我国社会经济的高速发展，老年游客已成为潜力巨大的旅游客源开发市场。面对老年旅游团，导游人员要针对他们的身体和心理特点，妥善安排行程内容，并时刻注意他们的身体状况。通过谦恭尊敬的态度、体贴入微的关怀以及不辞辛苦的服务做好老年游客的接待工作。

（1）妥善安排行程

安排行程时要具有较强的弹性，参观游览活动不可安排过于紧密，要充分考虑安全因素，避免安排体力消耗大、冒险刺激的活动，以静态观赏为主，动态观赏为辅。

（2）提供耐心细致的服务

① 生活上关心。事先与相关的接待单位或相关人员联系，与他们协调好接待中的具体事项。在旅游过程中，要充分了解老年游客的需求，饭菜尽量少安排脂肪高、糖分高的食物，住宿尽量安排在较低楼层等。同时，适当增加休息时间，把老年人的身体健康放在首位。

② 旅游中留心。由于老年游客行动迟缓，记忆力减退等特点，在游览过程中要处处留心，多做提醒工作。如在参观游览过程中，要提醒他们“一看二慢三通过”，时刻留意他们的动向，以防掉队走失。在景点讲解时，应适当放慢语速，加大音量，吐字清楚，多讲一些文化含量高的内容。

③ 服务上耐心。老年游客在旅游过程中喜欢提问题，有时一个问题经常重复问几遍。遇到这种情况，导游人员不应表示反感，要不厌其烦地予以解答。

④ 安全上挂心。要树立“安全第一”的意识，把安全服务贯穿于整个旅游活动过程中。导游人员应具备老年保健知识和初步的医护知识，善于察言观色，及早发现可能出现的病情。

（3）时刻体现尊重

在称呼方面，东西方各不相同。如果接待国内老年游客，可称呼他们为叔叔、阿姨或爷爷、奶奶，这样便于拉近距离；如果接待外国老年游客，则要注意地区间的差别和不同国家的习俗，尊重西方传统，注意照顾方式。

3. 对残疾游客的接待技巧

残疾游客的自尊心和独立性特别强，虽然他们需要更多的关照，但又不愿给别人增添麻烦。因此，在接待这类游客时，导游员应注意以下几点。

（1）安排适宜的旅游线路

旅游线路的安排要考虑残疾游客的身体状况和特殊需要，事先设计好适合残疾人的游览路线，原则上只安排游览道路平坦、通达性较好的核心景区。同时，行程安排不能过于劳累，要妥善选择中途休息地点。

（2）注意尊重

在接待残疾游客时，要特别注意方式方法。既要热心周到，尽可能为他们提供方便；又要避免给他们带来压力或伤害其自尊心。

（3）适时关心

对于行动不便的残疾游客团队，要提供周到服务，事先与接待部门或旅游景区联系，请求给予个性化服务，让其体会到社会广泛的关爱。树立安全第一的观念，及时提醒游客量力而行。要善于察言观色，时刻关注游客微小的心理变化，以便提供相应的服务。

情境体验 》

学生以小组形式分别模拟接待儿童游客、老年游客以及残疾游客三种旅游团队。旅游团队将在您所处城市进行为期三天的参观游览活动，全程乘坐旅游大巴，请根据旅游团队特点以及所处城市景观特色设计一条行之有效的旅游线路，并进行线路推介。

任务拓展 》

亲友随团要不要收钱?

旅游者到达某地后，希望其亲友在当地随团活动，有的还要求到外地游览。当旅游者向导游员提出此类要求的时候，导游员都知道一般的处理程序，可是真实的带团经历告诉我们，在处理类似的要求时总会有一些特殊的状况，导游员不应拘泥于书本上的理论知识，处理问题时要灵活多变，尽量满足旅游者的要求。

小马是一名刚刚进入旅行社的新导游员。他在三八节期间接到了一个18人的自带车妇女团去苏州，行程两天。作为一名新导游员，接到这个团时，小马既高兴又紧张。团队顺利出发了，小马在途中为客人们组织了丰富多彩的活动，一路欢歌笑语，其乐融融，大家都非常喜欢小马。大约5小时后，团队按时到达苏州，按计划开始用餐。小马协助地陪安排好团队餐后便去用餐了。不久，有位客人找到小马说，她有个朋友刚好在苏州出差，想跟团队旅游。小马立即想到如果有人中途随团要征得其他成员的同意，因为客人均来自同一个单位且有领队，于是小马要求客人先征求领队的意见，这位客人说已经跟领队说过了，领队同意了。这时小马想到加人是要收费的，于是告诉客人旅行社的相关规定。可客人一听需要加钱就不乐意了，质疑小马说："我的朋友和我一桌吃饭，到了景点她自己买票，至于车费，反正车上座位有空余，并没有因为加人而产生额外费用啊！"小马为了给旅行社争取利益，留下好印象，坚持说："景点门票可以自己单独购买，但餐费和车费是一定要收的，这是行业规定。"这位游客越听越生气："什么行业规定，你的服务一点儿都不人性化，我找你们经理说去。"于是立即打电话投诉小马，旅行社经理请客人把电话给小马，对小马说："遇到这种事为什么不向我汇报，反而自作主张，你向领队确认一下加人的事儿，如果领队没有意见，按照客人的意思，不用收费了。"打完电话，小马满腹委屈，明明好心维护旅行社的利益，怎么到头反而被经理批评呢？

新导游员上团时面对错综复杂的人际关系和一些突发事件，很难分清利益关系的轻重。小马认为加收随团客人的费用既合情合理，又能给旅行社谋利益，但是没考虑到导游员带团应该灵活机动。在合理而可能的情况下尽量满足客人要求，这样不仅有利于导游员顺利完成带团工作，而且能给旅行社带来更大的社会效益。

（资料来源：陈凌凌主编：《旅行社业务操作技能实训》，中国旅游出版社，2013年版）

项目回归

1. 通过本项目学习，掌握所学内容，进一步认识导游服务技能在实际工作的重要性。

2. 学生以小组为单位，搜集相关任务案例，交流学习心得。

项目四

旅游中常见问题及事故的预防和处理

项目导读

在旅游服务的过程中，问题和事故往往是意想不到和难以避免的，不管是谁的责任，妥善处理好各种问题和事故对于游客、导游、旅行社乃至一个地区的旅游业发展都有着重要的意义。本模块围绕在带团过程中可能遇到的“旅游接待计划和日程的变更、漏接、错接、空接、误机（车、船）事故、遗失事故、游客走失事故、患病死亡事故的预防和处理”六个任务开展教学活动，让学生能够对旅游过程中的突发事件的预防和处理有所了解，明确岗位责任，提高职业素养。

教学建议

1. 借助真实的旅游案例，引导学生分析、讨论事故发生的原因和预防措施，并模拟处理。

2. 利用小组合作探究学习、图表分析法、经验总结法等教学方法，引导学生比较熟练地掌握所学知识，学以致用。

学习目标

1. 了解旅游中常见问题和事故的原因。

2. 掌握旅游中常见问题的预防和处理措施。

3. 尝试通过案例妥善预防和处理各类问题和事故。

任务1 处理旅游接待计划和日程变更事宜

在旅游活动中，接待计划和日程一旦商定，各方都应当严格执行，一般不要轻易更改。但在实际的旅游过程中，常常因为一些不可预料的客观因素（如天气、自然灾害、交通、政治等）需要变更旅游接待计划和日程，也可能是游客方面提出变更的要求。不管何种原因，导游人员都应该及时应对，妥善处理，以保证旅游活动顺利进行。

任务描述

灵活调整行程 争取游客满意

正是青岛怡人的7月，刚下过一场暴雨，从事导游工作多年的老张前往机场接待一个由10位美籍华人组成的团队。他们都是慕“海上名山第一”的名而来，行程安排却非常紧张，接团计划是当天上午9:00到达青岛，次日上午就要飞往下一个城市。可是因为天气原因，抵达青岛机场时已经是下午两点了，当老张接到客人时，他们一个个都拉长了脸议论纷纷，有责怪航空公司的，有责怪旅行社的。与领队小王沟通后得知，客人对因航班延误影响旅游活动的行程非常不满。经验丰富的老张在与领队沟通和向旅行社汇报后，征得游客同意，对行程做出了调整，下飞机后直接赶赴崂山景区的精华线路——北九水，带领客人领略雨后崂山之美，返回市区的途中用晚餐后，夜游青岛海滨风景区沿线的五四广场、前海栈桥，在中山路商业街购买纪念品后，最终下榻栈桥王子酒店。客人对老张的安排非常满意，事后还给旅行社写了表扬信。

任务分析

本任务中航班延误导致旅游团推迟到达青岛，意味着缩短了在青岛的旅游时间。作为地陪，老张妥善安排，适当调整旅游活动计划，圆满完成带团任务。

导致旅游计划和变更的主要原因，一方面来自于客观原因（如天气、交通等），另一方面因为游客的要求。请问：本任务中引起计划变更的原因属于哪一类?

知识点拨

一、客观原因导致旅游计划和行程变更

1. 缩短或取消一地的游览时间

旅游团提前离开或推迟到达，都会缩短一地的旅游时间。

（1）导游人员应尽量抓紧时间，将计划内的活动内容安排完。如有困难，应选择最具代表性、最具特色的重点旅游景点，以求游客对本地旅游景点有基本了解。

（2）适当给予物质补偿。在征得旅行社领导同意后，给予适当的物质补偿（如加菜、风味餐、赠送小纪念品等）或请领导出面表示歉意，尽可能让游客满意地离开。

（3）地陪应通知计调或相关人员办妥客人离站事宜，如退房、退餐、退车、落实交通票据等。

需要减少一地游览时间（一般超过半天）或者取消一地游览时间时，全陪需将情况报告组团社，由组团社做出决定并通知有关地方接待社，地陪需要通知下一站的接待社。

2. 延长一地的游览时间

旅游团提前抵达或者延迟离开都有可能延长一地的旅游时间。

（1）导游人员应与旅行社有关部门联系，重新落实团队用餐、住房、用车的安排事宜。

（2）迅速调整活动日程。适当延长在主要景点的游览时间，经组团社同意后，适当添加游览景点，并可安排适量的文体活动等，力求使客人的旅游过程充实、愉快，不要给客人留下应付或是故意拖延时间的印象。

（3）提醒有关接待人员通知下一站该团日程的变化。

（4）在设计变更旅游计划时，地陪要征求领队和全陪的意见，共同商量，在取得他们的理解和支持后，也要向团内游客做好解释说明，取得谅解与支持。

3. 活动内容变更

出现这种情况，一般是外界客观原因造成的。如大雪封山、景点临时封闭等，被迫取消原计划的活动，由另一活动替代。这时导游员应采取如下措施：

（1）实事求是地向客人说明情况，求得谅解。

（2）提出替代项目，与游客协商。

（3）以精彩的介绍和热情的服务激起游客的兴致，使其愿意前去替代的景点。

（4）按照有关规定给予相应的补偿。

二、游客要求改变旅游计划和日程

在旅游过程中，出于种种原因，游客向导游员提出变更旅游线路和日程时，导游员应做出如下处理：

对游客的要求婉言谢绝，并向游客说明，我方不便单方面违反合同规定；若有特殊情况或由领队提出，导游员要上报组团社，根据组团社的指示做好服务工作。

任务拓展

一、模拟实训

1. 准备物品：电话、行程安排表、导游旗、接站牌等道具。

2. 角色扮演：6人一组，分别扮演游客、地陪、全陪、计调、旅行社经理等相关人员。

3. 模拟任务：模拟带团过程中空接的处理及过程。请学生分组练习，情景模拟，提高处理问题的能力和语言表达的技巧。

4. 评价标准。

项目和内容	评价标准			
	优	良	合格	不合格
与全陪沟通有效				
补救措施得当				
接打电话讲究礼仪				

续 表

项目和内容	评价标准			
	优	良	合格	不合格
道歉态度诚恳				
与客人沟通有效				
语言简洁、清晰				
团队合作意识强				
总评价				

5. 实训小结及教师点评。

二、讨论分析

康辉旅行社承接的一行16位美国客人原计划7月19日早上八点从青岛飞往北京，可是遇上北京雷雨天气，飞机降落困难，只好返航降落在青岛机场。第二天一早该团要求取消北京八达岭长城之行，希望在青岛留下来继续游览。于是旅行社继续给他们安排充实而丰富的行程，游览了即墨古城和青岛崂山，游客很满意。该团回国后向青岛的接待社发来了表扬信。

请分析：

（1）何种原因使旅游计划变更？

（2）该旅游计划是如何改变的？变得好吗？为什么？

任务2　预防和处理漏接、空接、错接事故

在旅游接待过程中，只要足够认真仔细，空接、漏接、错接事故都是可以避免的，通过学习，能够了解空接、漏接、错接的定义，并且掌握三种情况的预防和处理措施。

任务描述

没有接到旅游团怎么办?

青岛康辉旅行社接待美国一行10人旅游团，原计划于7月19日从青岛飞往北京首都国际机场，但当北京的地陪导游员小郑按计划时间去机场时，并没有接到该团。请问这属于什么事故？试分析小郑没有接到客人可能的原因，并讨论提出相应的处理措施。

任务分析

本任务中，地陪导游员小郑按照预定计划前往首都机场接站，但没有接到团队，这种现象称作“空接”。空接是指由于某种原因，旅游团推迟抵达某站，导游员仍然按原计划预定的班次或车次接站而没有接到旅游团。空接虽然不经常出现，一旦发生时没处理好，就会环环出问题。漏接是指旅游团到达交通站点后，没有导游员来迎接的现象。漏接可能会导致旅游团滞留、活动受阻、影响行程等一系列麻烦，因此是重大事故。而错接是导游员接了不应该自己接的团队，自己的团队可能无人接应的情况，属于责任事故。

一、空接的原因分析

（1）接待社没有接到上一站的及时通知。如因天气原因飞机没有按时起飞或滞留在某地，上一站旅行社不知道，也就无法通知本站接待社。

（2）上一站旅行社知道，但由于忙着应对突发事件，没有及时通知本站。

（3）本站旅行社工作人员在接到上一站通知后，没有及时通知地陪导游员。

（4）游客（主要是散客）临时取消旅游计划，但没有及时通知接待社，造成空接。

二、漏接的原因分析

1. 导游人员主观原因造成的漏接

（1）工作不细心。没有认真阅读接待计划，搞错旅游团抵达的时间。

（2）未按服务程序要求提前抵达交通站点等候。

（3）交通站新旧时刻表交替，导游人员没有及时查询更新，仍然按照旧时刻表接站。

（4）导游人员举牌接站所选的位置不当。

（5）原定车次、班次有变化，导游员没有阅读变更通知，仍按原计划去接站。

2. 客观原因造成漏接

（1）原定班次或车次变更，旅游团提前到达，但本站接待社没有接到上一站接待社的通知。

（2）接待社已接到变更通知，但有关人员没有及时通知地陪导游。

（3）由于交通堵塞或其他意料不到的情况发生，导游人员未能及时抵达交通站点，造成漏接。

三、错接的原因分析

错接是责任事故，是由于导游人员责任心不强、粗心大意导致的。

任务实施

一、空接的预防和处理

1. 空接的处理

本次任务中，地陪导游员小郑应该这样处理：

（1）向机场工作人员询问，确认此次航班的乘客是否已经出港。

（2）与司机配合，在可能的范围内寻找。同时联系游客即将下榻的酒店，核实旅游团是否自行抵达。

（3）立即与地接社联系，请其查明原因。

（4）若查明游客飞机尚未到港，如推迟时间不长，可留在站点继续等候，迎接旅游团。

2. 空接的预防

上一站旅行社或者全陪应及时将团队临时变更事宜通知下一站接待社；本站接待社也应主动与上一站沟通了解团队情况；旅行社有关人员在接到上一站变更通知

后设法立即通知地陪导游员；地陪应在接团前再次落实接待计划并按预定时间抵达接站地点。

二、漏接的处理和预防

1. 漏接的处理

发生漏接事故后，导游人员见到游客时应做到：

（1）不管漏接的责任在哪方，导游人员面对客人的抱怨和怒火时，应首先表示歉意。

（2）等客人情绪平复后，实事求是地向客人说明情况，并再次表示歉意。

（3）尽快请客人上车，离开交通站；若客人因等不到导游员接站而乘出租车自行前往下榻酒店，导游人员应主动支付相关费用。

（4）向游客提供热情周到的服务以取得其谅解。

（5）征得旅行社领导同意之后，酌情给游客一定的物质补偿，如赠送纪念品、加菜、加酒水等。

2. 漏接的预防

作为导游人员应认真阅读接待计划，落实有关变更情况；核实交通工具的准确时间；按规定时间提前抵达交通站，保证按计划规定提前半小时到达接站地点。旅行社有关部门的工作人员应认真做好交接工作，及时将变更情况通知导游人员。

三、错接的预防和处理

1. 错接的处理

发现接错旅游团（者），导游人员应立即报告旅行社，及时采取措施：

（1）若错接发生在同一家旅行社接待的两个旅游团时，经旅行社同意后，地陪导游可不再交换旅游团。

（2）若错接发生在不同旅行社的旅游团时，导游人员应在汇报旅行社后，尽快设法交换旅游团，并向游客如实说明情况和诚恳致歉。

（3）若发现非法导游接走了旅游团（者），地陪应立即报告接待社，请其协助寻找。

2. 错接的预防

导游人员一定要提前到达接站地点迎接旅游团。当导游员与旅游团接洽后，应认真核实团队的领队或全陪姓名、人数、团名（编号）、国内组团社或境外组团社名称、下榻饭店等信息。提高警惕，防止非法导游接走旅游团。

任务拓展

一、模拟实训

1. 准备物品：电话、行程安排表等道具。

2. 角色扮演：6人一组，分别扮演游客、地陪、全陪、海外领队、旅行社经理等相关人员。

3. 模拟任务：本旅游团队推迟抵达青岛，游客情绪低落，面对这种情况，全陪和领队如何安抚客人的情绪？青岛的地陪导游员老张如何致欢迎辞？后续活动的安排如何调整？请学生分组练习，情景模拟，提高处理问题的能力和语言表达的技巧。

4. 评价标准。

项目和内容	评价标准			
	优	良	合格	不合格
排除漏接				
与地接社沟通有效				
处理方式恰当				
与游客沟通方式得当				
团队合作意识强				
总评价				

5. 实训小结及教师点评。

二、讨论分析

某地一个组团社有两个旅游团到海南旅游，其旅游计划是一样的，乘坐的飞机航班、行程、人数、标准也相同，只是海南的接待社不同——分别为X旅行社和Y旅行社，地方陪同导游员分别是小张和小李。当他们在机场出口处迎接旅游团时只见两队举着同一旅行社的小旗，戴着同一旅行社的帽子，并背着相同的行李袋的团队时，小张很高兴地走上前去确认了人数便热情地招呼大家上车。小李见到小张已带走一队，自己也把另一个团带走了。直到吃晚餐时小李才发现此团并非自己接待社接待的。

请分析：

1. 这是一次什么事故？

2. 事故发生的原因是什么？应如何预防？

任务3 预防和处理误机（车、船）事故

误机（车、船）事故会导致旅游计划被迫变更，影响旅游者的行程甚至是回国后的工作，给游客带来心理压力或者其他损失，势必会给旅行社带来一定的经济损失，严重影响了旅行社在游客眼中的形象。因此作为导游员应该认真仔细，杜绝此类事故的发生。万一发生此类事故，要依照一定的处理措施妥善处理。通过学习，了解误机（车、船）事故的定义，熟悉造成误机（车、船）事故的原因，掌握误机（车、船）事故的预防和处理。

任务描述

返程当天安排购物活动合适吗？

美国一旅游团离开青岛，来到首都北京，被中国博大精深的文化深深吸引，文化之旅一切顺利，下午17:40旅游团将乘机返程回国。当天午餐安排在某大型商场一楼的酒店，13:00午餐结束后，有几位客人要求去商场购物，考虑到时间紧张，北京的地陪导游员小郑一开始不同意，后来经不住客人的要求，就同意了，但强调一定在15:00之前返回原地集合。但在15:00集合的时候发现少了两位客人，小郑安排其他客人先上车休息，自己和全陪一起进商场寻找，找到的时候已经是16:00了，17:00赶到机场时，离飞机起飞只有40分钟了，小郑连忙求助机场人员，在其帮助下，终于按时登机，没有延误行程。

试分析险些造成误机的原因。如果真的发生了误机事故，小郑又该如何处理呢？

任务分析

误机（车、船）事故是重大事故，往往会造成重大的经济损失和不良影响。其原因主要有以下两个方面。

一、非责任事故

1. 有关人员因工作失误造成误机（车、船）。如航班班次提前，有关人员没有及时通知导游员；票证没有及时送到交通站点，造成误机（车、船）。

2. 游客自身的原因（如重病、走失、临时有急事等），导致误机（车、船）。

3. 交通事故、汽车途中抛锚、严重堵车等造成误机（车、船）。

二、责任事故

1. 导游人员记错旅游团离站的日期、时间。

2. 当日日程安排不当，没有足够的时间赶赴交通站点，造成误机（车、船）。

在本任务中，地陪导游小郑犯了两个错误，险些导致误机（车、船）事故：

（1）他违反了“旅游团离站当天不得安排自由活动，不带游客去大型商场购物”的准则，私自同意客人去商场购物。游客一旦进了商场，虽然一再强调时间，但难免还会有人因挑选商品而忘了集合时间，导游员应认识到这一点。为了避免饭后购物，小郑可以延迟开始午餐的时间，延长用餐的时间，避免留有时间让客人产生购物欲望；或是联系旅行社计调部门，调整用餐的餐厅，不安排旅游团在靠近大商场的餐厅就餐。

（2）地陪小郑应让全陪带着其他客人先去机场办理登机手续，在出发站点等候，自己留下寻找客人，这样可以尽可能地减少损失。而他则是让全体客人留下等候。

任务实施

一、误机（车、船）事故的处理

1. 导游员应立即向旅行社领导及有关部门报告，请求帮助。

2. 地陪和旅行社应尽快与机场（车站、码头）取得联系，争取让客人乘坐最近班次的交通工具离开本站，或采取包机（车厢、船）或改乘其他交通工具前往下一站。

3. 稳定游客的情绪，安排好在当地滞留期间的食宿、游览等事宜。

4. 及时通知下一站，对日程做相应的调整。

5. 向游客诚恳道歉。必要时请旅行社领导出面致歉，同时采取相应的补偿措施，力求挽回旅行社的声誉。

6. 查清事故责任，写出事故报告，相关责任者应承担经济损失和接受政纪处分。

二、误机（车、船）事故的预防

发生误机（车、船）事故，无论怎样处理，都会有客人不满意，会给旅行社带来经济上和声誉上的损失。所以，此类事故，重在预防。地陪导游员应做到：

1. 认真核实交通票据和送站地点。导游人员应提前落实旅游团离站交通票据，确定班次有无变化。临行前，对交通票据进行核实（计划时间、票面时间、时刻表、问询时间等“四核实”）。

2. 安排时间留有余地。临行前不能安排旅游团去闹市区购物或自由活动，不安排旅游团去范围广、地域环境复杂的景点参观游览。

3. 安排充裕时间，提前抵达机场（车站、码头）。地陪要充分考虑交通堵塞、突发事件等各方面因素，按照规定时间提前到达离站地点。

任务拓展

一、模拟实训

1. 准备物品：电话、行程安排表等道具。

2. 角色扮演：6人一组，分别扮演游客、地陪、全陪、计调、旅行社经理等相关人员。

3. 模拟任务：模拟误机事故的处理过程。

请学生分组练习，情景模拟，了解误机事故的原因，掌握事故预防的措施、处理方法，提高处理问题的能力和语言表达的技巧，使学生养成科学、合理安排行程的职业习惯。

4. 评价标准。

项目和内容	评价标准			
	优	良	合格	不合格
熟练运用所学知识				
稳定游客情绪				
处理方式恰当				
及时妥善处理问题				
团队合作意识强				
总评价				

5. 实训小结及教师点评。

二、讨论分析

10月17日，北京某旅游团因司机走错线路延误旅客乘机时间，导游拨打“110”谎称机上有炸弹，试图拖延时间阻止航班正常起飞，让旅客赶上飞机。

北京首都机场公安分局接到报警后，立即展开工作，同时与举报人取得联系，举报人（导游员）说出自己举报的真实原因是为了让旅客赶上飞机，结果地陪导游员彭某，因违反《中华人民共和国治安管理处罚法》相关规定，作为犯罪嫌疑人，被处以刑事拘留七日的处罚。

（案例来源：《北京青年报》，2009年10月21日）

就此案谈谈你的看法。

任务4　预防和处理遗失事故

游客在旅游期间丢失财物、证件、行李等情况时有发生，不仅给游客带来经济上的损失、心情上的影响，还会给导游的工作带来不便。因此导游人员应尽量采取各种措施预防此类事件的发生。一旦不幸发生，则应妥善处理，尽力保证旅游活动顺利完成。

任务描述

游客行李丢失怎么办?

10月17日，全陪导游小王带领游客到达北京，接待他们的是地陪导游员小杨，两位导游员协同配合将游客从机场送到下榻酒店，顺利办理入住手续。这时，团内的刘女士慌慌张张地跑过来，说她的行李没有送到房间，很可能是丢失了，里面有一架高级的数码相机。

如果你是导游员，应采取哪些措施来帮助刘女士呢?

任务分析

出门在外，丢失财物是一件让人非常苦恼的事情。经济上的损失不说，旅游情绪顿时全无。财物损失的原因很多，虽然不是导游人员的责任，但是为了保证旅游活动的顺利开展，导游员应本着“宾客至上”的原则，多多关注旅游者的财物安全，采取各种措施预防此类事件发生。

1. 多做提醒工作。游览时，导游员应提醒客人带好随身物品；在热闹、拥挤的场所，提醒游客保管好钱包等贵重物品；离开饭店时，提醒客人检查随身行李和重要证件；下车后，提醒司机关好车窗并锁车，防止游客财物被盗。

2. 带团过程中如果需要游客的证件，应由领队或者全陪收取，用毕立即返还，不要代为保管。

3. 切实做好行李的清点和交接工作。

任务实施

一、游客行李丢失的处理

行李丢失，多数发生在机场，还会发生在饭店。

1. 在机场丢失行李的处理

（1）努力寻找。在机场的行李运送带上，如果游客发现找不到自己的行李，导游员应协助客人再三在运送带周围的地方，按照客人描述的特征查找，检查是否被他人错拿。

（2）立即报失。如果行李一时难以找到，导游员应带领失主到机场问询处报告行李丢失，并向行李问询处的工作人员出示行李牌，详细说明游客乘坐的航班、航空公司、起飞时间、始发站、转运站、终点站、行李的件数及颜色、大小、样式等特征，填写《行李丢失登记表》。

（3）安慰客人。客人行李丢失，心情一定会受到影响，导游员应该尽量予以宽慰，将遗失者的姓名、电话、入住酒店等信息留给机场问询处，保留问询处电话，以便随时联络。在查找期间，导游员应协助行李遗失者购置一些必需的生活用品，方便游客使用。

（4）保持联系。在当地游览期间，导游人员要经常与机场行李问询处联系，询问行李的寻找情况。

（5）如果到遗失者离开当地仍然未找到行李，导游员应打电话到机场行李问询处，告知本旅游团的全部行程、各地接待社名称以及所下榻宾馆电话，以便在机场找到行李后第一时间与遗失者取得联系。

（6）行李丢失或损坏，虽然不是导游人员的责任，也要向遗失者表示歉意，同时有关部门开具证明，根据国际惯例向航空公司索赔。

2. 在饭店行李丢失的处理

（1）首先在本旅游团游客房间查找，看看行李是否送错房间或者同团其他旅游者拿错行李。

（2）如果在本团旅游者中没有找到，则请饭店行李部门帮助查找，看行李是否错送到其他团队游客的房间。

（3）向遗失者致歉，并诚恳地帮助他们解决生活方面的困难。如行李确已丢失，导游员应协助遗失者向有关部门按规定索赔。

（4）导游员应将行李丢失的原因、经过、查找过程、遗失者的要求等写出书面报告。

二、游客证件丢失的处理

发现游客证件丢失时，导游员首先应请失主冷静回忆，详细了解情况并帮助寻找。如果证件确已丢失，导游员则应立刻报告旅行社，根据旅行社的安排，协助失主到公安机关报失，重新申领证件。费用由失主自理。

1. 外国护照和签证的重新申领手续

遗失地接待社开具证明→失主准备照片→去当地公安机关报失，并开具证明→持公安机关报失证明，去所在国驻华使领馆申办新护照→领到新护照后再去公安局出入境管理处办理签证手续。

2. 团队签证的补签手续

请境外领队准备签证副本和全体团员护照→重新打印全体成员名单→填写有关申请表→到公安局出入境管理处办理补领手续。

3. 中国护照和签证的重新申领手续

（1）华侨丢失护照和签证

遗失地接待社开具证明→失主准备照片→到省、市、自治区公安局（厅）或授权的公安机关报失并申领新护照→去其侨居国驻华使领馆办理入境签证手续。

（2）中国公民在境外丢失护照和签证

接待社开具遗失证明，失主准备照片→失主持地接社开具的遗失证明，尽快到附近警察机构报案，取得报案证明→失主持当地警察机构开具的遗失证明、团队人员资料、本人照片到我国驻该国使领馆办理新护照→携带证明和签证必备条件到所在国移民局办理签证。

4. 丢失港澳居民来往内地通行证

地接社开具遗失证明→到遗失地的市、县公安部门报失→发给一次性有效的出入境通行证。

5. 丢失台湾同胞旅行证明

到遗失地中国旅行社或户口管理部门或侨办报失→发给一次性有效的出入境通行证。

6. 丢失中华人民共和国身份证

当地旅行社开具遗失证明→持遗失证明和本人照片到当地公安局报失→公安局开具身份证明。

三、 游客丢失财物的处理

1. 导游员应保持清醒的头脑，请失主回忆最后一次见到物品的时间、地点，弄清确已丢失还是放错地方。

2. 若一时找不到，导游员应安慰失主，并请其留下详细的联系方式，如电话、地址、邮编等，以便找到后随时归还。

3. 若失物未能找到，而丢失物品又系进关时申报或保险的贵重物品，应到接待社开具证明，再有失主持旅行社开具的遗失证明到当地公安机关开具遗失证明，以备出海关时查验或向保险公司索赔。

任务拓展

一、模拟实训

1. 准备物品：电话、行程安排表等道具。

2. 角色扮演：6人一组，分别扮演游客、地陪、全陪、酒店工作人员、公安部门人员等。

3. 模拟任务：

（1）导游员带领旅游团离开饭店前往机场的路上，一名游客发现自己的身份证不见了，急忙向导游员报告。

（2）详见本课“任务描述”。

（3）一旅游团队的游客，在机场领取行李时，发现行李破损。

请学生分组练习，情景模拟，了解财物丢失的原因，掌握财物丢失的处理方法，提高学生的安全意识和处理问题的能力、语言表达的技巧。

4. 评价标准。

项目和内容	评价标准			
	优	良	合格	不合格
准备充分				
程序完整				
处理方式恰当				

续 表

项目和内容	评价标准			
	优	良	合格	不合格
稳定游客情绪				
团队合作意识强				
总评价				

5. 实训小结及教师点评。

二、讨论分析

导游小李接待了一个外国旅游团。该团在北京游览期间，小李多次提醒游客看好自身物品。几日后有一游客声称自己的护照和签证丢失，经多方查找后未果，需要补办证件。小李此时应该怎么做?

就此案例谈谈你的看法和处理方法。

任务5 预防和处理游客走失事故

在旅游活动中，游客走失的情况时有发生，大都是有惊无险，但也有时会酿成大祸。一旦发生游客走失的情况，导游人员应立即分析原因，采取措施，积极寻找，保证旅游活动顺利进行。

任务描述

游客在自由活动时走失

美国旅游团在青岛有半天的自由活动时间，地陪导游员老张告知游客青岛主要商场的位置和交通情况，给领队、全陪和团友留下自己的联系电话后，就回到了公司。到了晚上9:30。老张突然接到领队电话，说一位客人至今未回酒店，手机也打不通。老张立刻赶往酒店，得知这位客人是在海鲜市场附近走失的，老张立刻准备出发寻找，这时客人坐着出租车回到了酒店，原来是手机没电了……

对于本次事件，老张应如何处理后续工作？

任务分析

一、游客走失的原因

1．导游员的原因

（1）未讲清旅游线路和集合时间、地点、停车的位置等。

（2）工作马虎，没有仔细清点人数。

（3）导游人员讲解乏味，导致游客对其他旅游团感兴趣，从而脱离团队走失。

2. 游客自身的原因

（1）游客对某些景点或事物感兴趣，导致在一地停留时间过长。

（2）游客在自由活动或者外出时没有记清饭店的地址和线路而走失。

二、游客走失的预防

1. 做好各种预防工作

（1）导游人员每天都要向游客报告一天的行程，说明上午、下午的集合地点，午餐、晚餐的用餐地点和餐厅名称。

（2）下车进入游览点之前，导游人员要告知游览结束集合的时间、地点、停车地点、车牌号等信息。

（3）与领队、全陪密切配合，及时清点人数。

2. 做好提醒工作

（1）游客单独外出时，导游员要提醒其记好接待社的名称、导游的电话、下榻酒店的名称、地址和联系电话。

（2）自由活动时，导游人员要提醒游客最好结伴而行，不要走得太远，尽早回饭店，不去秩序混乱的地方。

任务实施

一、游览活动中游客走失的处理

1. 了解情况，迅速寻找

导游人员应立即向其他游客、景点工作人员和其他人员了解情况，迅速寻找。一般情况下是全陪、领队分头寻找，地陪带领其他游客继续游览。

2. 争取有关部门的协助

若一时找不到，导游人员应立即向游览地派出所或管理部门报告，请求他们帮助寻找。

3. 与饭店联系

若在游览地没有找到游客，导游人员可与饭店联系，询问走失者是否已经回到饭店。

4. 向旅行社报告

经过认真寻找，仍未找到走失者，导游人员应打电话向旅行社报告，请求帮助，必要时可以报案。

5. 做好善后工作

找到走失游客后，导游员应分析走失原因，如果责任在导游，应向客人赔礼道歉；如果责任在游客，则应提出善意的批评，提醒其他游客引以为戒。

6. 写出书面报告

若发生严重的走失事故，导游人员要写出书面报告，详述游客走失和寻找的过程、走失的原因、善后处理情况、游客的反应等。从中吸取教训，以防此类事故再次发生。

二、自由活动中游客走失的处理

1. 立即报告旅行社

导游人员在得知旅游者走失时，应先用手机联系，若无法联系应立即报告旅行社，请求指示和帮助。通过有关部门向公安局管区派出所报案。

2. 做好善后工作

走失游客回到饭店，导游员应表示高兴；再问明情况，提出善意的批评，但不必过多指责；提醒其他游客引以为戒，避免走失事故再次发生。

3. 写出书面报告

若发生严重的走失事故，导游人员要写出书面报告，详述游客走失和寻找的过程、走失的原因、善后处理情况、游客的反应等。从中吸取教训，以防此类事故再次发生。

任务拓展

一、模拟实训

1. 准备物品：电话、行程安排表、导游旗、导游证等道具。

2. 角色扮演：6人一组，分别扮演游客、地陪、全陪、领队、旅行社经理等相关人员。

3. 模拟任务：模拟带团过程中游客走失事故的处理及过程。请学生分组练习，情景模拟，提高处理问题的能力和语言表达的技巧。

4. 评价标准。

项目和内容	评价标准			
	优	良	合格	不合格
做好各项安排的预报				
经常清点人数				
处理问题及时得当				
及时联系有关部门				
与客人沟通有效				
事故报告规范				
团队合作意识强				
总评价				

5. 实训小结及教师点评。

二、讨论分析

地陪导游员小刘带领团队在景区游览期间，王太太跑过来说王先生不见了。由于景区较大，小刘立刻与全陪导游员商量，两人各带上一名能干的游客到处寻找，其他游客原地等候。结果一直到景区关门也没有找到王先生，此时只能带领其他游客返回酒店了，其他客人意见非常大，小刘也觉得很委屈……

请分析：按照导游服务规范，小刘怎样处理这次走失事故更为恰当？

任务6 预防和处理游客患病、死亡事故

在旅游活动中，由于旅途劳累、气候变化、水土不服、饮食习惯差异等原因，游客常常会感到不适，特别是年老体弱者，严重的可能会患病，有的需要抢救甚至发生救治无效死亡的事故。通过本任务的学习，了解预防游客患病的措施，掌握带团过程中游客突发一般疾病和重病的处理程序及方法。

任务描述

场景1：导游员小张带领团队到黄山游览，晚上在山上住宿，由于昼夜温差大，再加上白天爬山较累。游客李先生第二天早上就开始感冒发烧了，不能参加正常的旅游活动。

场景2：导游员小王带领北京来的一行游客，准备进入崂山北九水景区游览，结果一位中年男性游客突然晕倒，失去意识。

场景3：导游员小孙所带团队中的一位60多岁的老年客人，在入住酒店后，突发心脏病，猝死。

如果你是导游员，遇到上述场景，应如何处理？

任务分析

导游人员在带团的过程中，为了尽量避免人为因素导致游客生病，可以采取一些必要措施进行预防。

一、了解旅游团成员的健康状况

导游员在接团前，应认真分析游客的情况，根据其年龄、身体状况等周密地安排游览活动。

二、安排旅游活动留有余地，劳逸结合

制定计划、安排活动要留有余地，使游客能够劳逸结合。同日参观游览的项目不能太多，体力消耗大的活动尽量不集中安排，晚间活动时间不宜过长。

三、做好提醒和预防工作

1. 提醒游客注意饮食卫生，不买无证摊贩小吃，不饮生水等。
2. 提醒游客注意休息，作息规律。
3. 及时预报天气情况，提醒游客增减衣物、携带雨具等。
4. 提醒游客多喝水、吃水果等。

任务实施

一、游客患一般疾病的处理

1. 劝其及早就医并多休息

游客患有一般疾病时，导游人员应劝其尽早去医院看病，并且留在酒店内休息。必要时，应陪同游客一起去医院就医。

2. 关心游客的病情

如果游客留在酒店休息，导游人员应前去询问其身体状况并安排好就餐，必要时通知酒店餐厅为其送餐。游览结束后，导游员要关心游客病情，表示慰问。

3. 向游客说明看病费用自理

严禁导游人员擅自给患者用药，看病就诊的费用由游客自理。

二、游客患重病的处理

1. 在向异地转移途中突患重病

（1）全陪应请求机组人员、列车员或船上服务人员在交通工具上寻找医生。

（2）请领队或患者亲属在其口袋中寻找常备药物，及时服用缓解病情。

（3）通知下一站急救中心和旅行社准备抢救。

2. 在参观游览时突患重病

（1）征得全体游客同意后，立即将患者送往就近医院，或者拦车送往医院，必要时暂时中止旅游活动。

（2）及时通知旅行社，请求指示和派人协助。

（3）一般由领队、全陪、病人亲友陪同前往医院，地陪则继续带领团队旅游。

3. 在饭店突患重病

（1）应通知饭店医务人员先进行抢救，然后送往医院。

（2）将情况及时向接待社领导汇报。

4. 注意事项

（1）抢救工作必须要有对方人员在场。在抢救过程中，导游人员应要求领队或者患者亲属在场，有关旅行社领导最好也在场，并详细记录患者患病前后症状及治疗情况；若需要手术，则应事先征得患者亲属或领队的同意并由其签字。

（2）严格按照规定处理游客病危事故。如果患者病危，亲属不在身边，导游人员应提醒领队及时通知患者亲属。如患者亲属系外国人，则应提醒领队通知所在国驻华使领馆；患者家属到来后，导游人员应在旅行社领导的指示下，帮助其解决生活困难；若找不到亲属，一切遵照使领馆的书面意见处理。

（3）保存好有关书面材料。由主治医师签字的有关诊治、抢救及手术的书面材料，要妥善保管，以备检查。

（4）探望患者并办好相关手续。若患者病情好转，但仍需住院治疗，不能随团离境，旅行社领导应派人常去探望，导游人员也应尽量抽时间前去探望。旅行社应帮助患者办理离境签证、延长签证以及出院、回国手续和交通票证等。若在境外，海外领队则应及时报告当地的我国驻该国机构，以便申领各种证件；及时向地方当局申办延长签证手续。

（5）与患者做好费用结算工作。患者抢救、住院、签证、交通票证等手续费用，及其亲属在华期间的一切费用自理。患者未享受的综合服务费，由旅行社之间结算，按合同规定退还本人；旅行社应帮助患者向保险公司索赔。

（6）安顿好其他游客。导游人员在处理好以上事务的同时，应安排好旅游团其他游客的活动，全陪应继续随团活动。

（7）处理好善后事宜。写出详细的书面报告。事后，导游人员应就旅游团队名称、患者姓名、性别、年龄、病状、救治过程和结果、患者家属及其他游客的反应等内容写出详细的书面报告。

三、游客死亡的处理

在带团过程中，发生游客死亡，导游人员应镇定自若，有条不紊地按如下程序进行处理：

1. 保护现场

一旦发现游客死亡，一定要保护好现场，以便查明死因。

2. 向旅行社报告

导游人员在保护现场的同时，要及时报告旅行社领导，由旅行社领导出面妥善处理善后工作。

3. 设法通知死者亲属

如果死者亲属不在身边，应立即通知亲属前来处理后事；若死者系外国人士，应通过领队或有关外事部门迅速与死者所属国的驻华使领馆联系，通知其亲属来华。

4. 取得医生证明

导游员应协助旅行社领导办妥有关证明，“抢救工作报告”、“死亡诊断证明书”由主治医生签字盖章，复印后分别交给死者亲属、领队和旅行社。

5. 清点遗物

清点遗物，必须由死者亲属或领队、全陪或所在国驻华使领馆有关官员共同清点造册，列出清单，清点人要在清单上一一签字，一式两份，签字人员分别保存。

6. 遗体处理

一般以火化为宜，遗体火化前，应由死者亲属或领队，或所在国驻华使领馆写出“火化申请书”并签字，然后进行火化。

死者遗体由领队、死者亲属护送火化后，火葬场将死者“火化证明书”交给领队或者死者亲属；我民政部门发给对方携带骨灰出境证明。各有关事项的办理，我方应予以协助。

若死者亲属要求将遗体运送回国，除需办理上述手续后，还应由医院对尸体进行防腐处理，并办理“尸体防腐证明书”、“装殓证明书”；由地方检疫机关发给“外国人运送灵柩（骨灰）许可证”和出境口岸检疫机关发给“尸体灵柩出境许可证”等有关证件，方可将遗体运出境。

任务拓展

一、模拟实训

1. 准备物品：电话、行程安排表、导游旗、导游证等道具。

2. 角色扮演：6人一组，分别扮演患者、地陪、全陪、领队、旅行社经理等相关人员。

3. 模拟任务：模拟带团过程中游客患病或死亡的处理及过程。请学生分组练习，情景模拟，提高处理问题的能力和语言表达的技巧。

4. 评价标准。

项目和内容	评价标准			
	优	良	合格	不合格
处理程序规范				
及时拨打急救电话				
处理问题及时得当				
及时联系旅行社				
与客人沟通有效				
书面报告规范				
团队合作意识强				
总评价				

5. 实训小结及教师点评。

二、讨论分析

地陪导游员小薛带领团队到南方某城市旅游。旅途中，有两位游客出现了不同程度的“拉肚子”和中暑的情况。小薛立即对他们进行现场处理，把为自己准备的拉肚子药给旅游者服用，用酒精替中暑的游客擦身。过了一会，两位客人感觉好多了。此刻，不少团友称赞小薛想得周到，两位患者也很感谢他。但也有不少客人持有不用意见，在背地里批评导游员。

请分析：按照导游服务规范，你认为小薛处理得是否恰当？

项目回顾

1. 通过本环节学习，掌握所学内容，了解旅游过程中各类突发事件的原因、处理办法、预防措施。

2. 分组讨论概括本任务的主要知识点，交流学习心得。

项目五

旅游安全事故的预防和处理

项目导读

本模块围绕“预防和处理旅游交通事故、火灾事故、治安事故、食物中毒以及应对重大自然灾害”五个任务开展教学活动，通过学习使学生树立安全意识，提高应变能力。旅游安全事故发生后，导游与有关人员应全力以赴，进行救援，尽最大的努力减少人员伤亡和财物损失，把事故造成的不利影响尽可能降到最小，保护旅游者的基本权益，维护我国旅游业的声誉。

教学建议

1. 做中学，学中做，通过角色扮演，模拟事故发生的过程及处理过程，增强学习的现场感。

2. 邀请本校导游专业优秀毕业生给学生做讲座，从其工作的经历和实践中获得经验，拓宽学生的视野。

学习目标

1. 了解各类安全事故的预防措施。

2. 掌握交通事故、火灾事故、治安事故、食物中毒的处理措施。

3. 提高应变能力，恪守保护旅游者的基本权利和利益为第一位的原则。

读一读

为了加强旅游安全管理，提高应对旅游突发事件的能力，保障旅游者的人身、财产安全，促进旅游业持续健康发展，自2016年12月1日起施行《旅游安全管理办法》。该办法中，根据旅游突发事件的性质、危害程度、可控性以及造成或者可能造成的影响，旅游突发事件一般分为特别重大、重大、较大和一般四级。

一、特别重大旅游突发事件

（1）造成或者可能造成人员死亡（含失踪）30人以上或者重伤100人以上；

（2）旅游者500人以上滞留超过24小时，并对当地生产生活秩序造成严重影响；

（3）其他在境内外产生特别重大影响，并对旅游者人身、财产安全造成特别重大威胁的事件。

二、重大旅游突发事件

（1）造成或者可能造成人员死亡（含失踪）10人以上、30人以下或者重伤50人以上、100人以下；

（2）旅游者200人以上滞留超过24小时，对当地生产生活秩序造成较严重影响；

（3）其他在境内外产生重大影响，并对旅游者人身、财产安全造成重大威胁的事件。

三、较大旅游突发事件

（1）造成或者可能造成人员死亡（含失踪）3人以上10人以下或者重伤10人以上、50人以下；

（2）旅游者50人以上、200人以下滞留超过24小时，并对当地生产生活秩序造成较大影响；

（3）其他在境内外产生较大影响，并对旅游者人身、财产安全造成较大威胁的事件。

四、一般旅游突发事件

（1）造成或者可能造成人员死亡（含失踪）3人以下或者重伤10人以下；

（2）旅游者50人以下滞留超过24小时，并对当地生产生活秩序造成一定影响；

（3）其他在境内外产生一定影响，并对旅游者人身、财产安全造成一定威胁的事件。

点评：凡涉及游客人身、财产安全的事故均为旅游安全事故。旅行社接待过程中可能发生的旅游安全事故，主要包括交通事故、治安事故、火灾、食物中毒等。

任务1　预防和处理旅游交通事故

旅游安全事故中，交通事故是发生频率最高的。交通事故一旦发生，后果往往不堪设想。旅游途中，导游员要时刻警惕，避免此类事故。一旦发生交通事故，应果断采取措施，保护游客的权利和利益。

任务描述

2017年旅游交通事故回顾

2017年8月，公安部交管局通过其官方微信发布的数据显示，2017年以来，全国共接报涉及人员伤亡的旅游客运车辆道路交通事故 189 起，造成 87 人死亡、377 人受伤，直接财产损失 578 万元。

1. 4月29日，内蒙古呼伦贝尔市阿荣旗境内发生一起死亡12人的重大道路交通事故中，肇事大客车原为班线客车，事发当日已“维修”报停，但车主却私自招揽旅游包车业务运营，企业对此并未及时发现，最终导致发生重大交通事故造成12名无辜乘客丧生。

2. 8月1日，天津发生死亡4人，受伤48人的较大交通事故中，旅游客车驾驶人涉嫌超速行驶，行经没有交通信号控制的交叉路口，未按规定让右侧来车先行。

3. 7月6日，河北承德市围场县9人死亡交通事故，事故中死亡的9名乘客全部是大型客车侧翻被甩出车外后，再被所乘车辆砸压致死。

讨论：1. 以上事故发生的原因，请你分析并归类。

2. 导游人员如何有效地预防交通事故？

知识点拨

一、 交通事故的预防

图5-1 交通事故

导游员在接待工作中应具有安全意识，时刻注意游客的安全。尤其在当地的旅游活动中，导游员一定要与旅游车司机很好地配合，协助司机做好安全行车工作。

1. 导游员要有很强的安全意识。接待旅游者前，要提醒司机认真检查车辆，发现事故隐患要及时提出更换车辆的建议。

2. 安排日程时在时间上要留有余地。不催司机为抢时间赶行程而违章、超速行驶，提醒司机避免此类行为。

3. 遇下雨、下雪、大雾或路滑、泥泞时或交通拥挤、路况不好时，要提醒司机注意安全，谨慎驾驶。

4. 导游人员阻止非本车司机开车。即使自己有驾驶证，也不得代司机开车。

5. 导游员要提醒司机不饮酒，如遇司机酒后开车，要立即阻止，并向旅行社汇报，要求改派其他车辆或更换司机。

二、 交通事故的处理

交通事故多种多样，但最多的是汽车事故。旅行途中遇到这类事故，出现伤亡时，导游员必须：

1. 立即组织抢救

交通事故发生出现人员伤亡时，导游人员应立即组织现场人员迅速抢救受伤的旅游者，特别是抢救重伤员，若不能就地抢救，应立即送往最近的医院抢救。

2. 保护现场，立即报警

交通事故发生后，不要在忙乱中破坏现场，应指定专人保护现场。立即报案并尽快通知交通、公安部门（交警电话122），请求派人来现场调查处理。

3. 迅速向接待社报告

将受伤游客送往医院后，导游人员应迅速向接待社领导报告交通事故的发生及游客伤亡情况，听取领导对下一步工作的指示。

4. 安抚游客

交通事故发生后，导游人员应做好团内其他游客的安抚工作，继续组织该团的参观游览活动。事故原因查清后，导游人员应向全团游客说明。

5. 写出书面报告

交通事故处理结束后，导游人员要写出事故报告，内容包括：事故的原因和经过；抢救经过、治疗情况；事故责任及对责任者的处理；游客的情绪及对处理的反应等。报告力求详细、准确、清楚（最好和领队联名报告）。

情境体验

1. 情景任务：交通事故的发生过程及处理过程。

2. 任务布置：

（1）分任务小组，5～6人一组。

（2）角色分工：导游员、游客、司机、交通部门。

（3）情境任务：模拟交通事故的发生过程及处理过程。

任务拓展

内蒙古呼伦贝尔发生重大旅游交通事故

2017年4月29日，内蒙古呼伦贝尔市阿荣旗辖区111国道1544公里加185米十字路口，一辆由那古镇去往那吉屯农场的无牌丰田私家小轿车（核载5人，实载4人）由西向东行至路口向北左转弯时，与由南向北沿111国道驶来的、由讷河市海外国际旅行社包租的黑BN5595宇通牌大客车（核载45人，实载44人）发生碰撞，大客车冲下路基并翻车，造成车内12人死亡，10人受伤。

经初步调查，小轿车在无信号灯控制的交叉口左转弯，未依法让直行的大客车先行，是导致事故的主要原因。同时，该起事故还暴露出以下问题：一是客车涉嫌非法从事旅游包车运营。经查，发生事故的大客车登记车主为黑龙江讷河市运输有限责任公司，实际为个人所有，属违规挂靠经营。该车使用性质为公路客运，当日停驶维修，不允许上路，却私自招揽业务发车运营，从事旅游客运。二是客运企业安全监管制度不落实。该车在运行期间，驾驶人未提示车内乘客佩戴使用座椅安全带，暴露出讷河市运输有限责任公司日常对驾驶人安全教育缺失，安全监管制度落实不到位。三是旅游企业对旅游包车资质审核把关不严。涉事的讷河市海外国际旅行社忽视旅游安全要求，未依法严格履行审核把关规定，违规包租肇事大客车非法从事旅游活动，安全主体责任严重不落实。

思考：从旅游企业和导游人员角度，谈一谈如何预防旅游交通事故？

任务2　预防和处理旅游火灾事故

火灾事故在旅游过程中虽不多见，但一旦发生，危害非常严重，损失十分巨大。导游员对火灾事故要有高度的警觉。应对火灾要以预防为主，了解火灾自救的方法，并能合理合情地处理火灾事故。

任务描述

郴州“6·26”特别重大事故

2016年6月26日，湖南省郴州市高速公路宜章段发生一起客车碰撞燃烧起火的特别重大道路交通事故，造成35人死亡、13人受伤，直接经济损失2290余万元。

调查认定，事故的直接原因为：驾驶人刘大辉疲劳驾驶造成车辆失控，与道路中央护栏发生多次碰撞，导致油箱破损、柴油泄漏，螺栓螺母与地面持续摩擦产生高温，引起泄漏柴油和车辆起火；车辆停止时车门被阻，无法有效展开，车内乘客不能及时疏散，且安全锤未按规定放置在车厢内，乘客无法击碎车窗逃生，造成重大人员伤亡。

调查认定，事故的间接原因为：旅游客运公司未有效落实驾驶员休息制度和防疲劳驾驶制度，未按规定开展车辆动态监控和应急管理各项工作；湖南风光国际旅行社违法违规从事旅游经营活动，未与游客签订旅游合同等问题。

讨论：1. 请你谈谈对此案例的看法？

2. 导游人员对交通工具上发生的火灾有哪些自救措施？

知识点拨

一、火灾事故的预防

饭店发生火灾，旅游者的生命、财产会遭到严重威胁，导游员绝不能因饭店失火事故罕见而掉以轻心。

1. 做好提醒工作

导游人员应提醒旅游者不要携带易燃、易爆物品，不在托运的行李中夹带易燃、易爆等违禁物品；提醒旅游者不在床上吸烟，不乱扔烟头和其他火种。只有这样，才能尽可能地减少火灾。

图5-2 火灾事故

2. 熟悉饭店的安全出口和安全转移路线

入住饭店后，导游员必须熟悉楼层的太平门、安全出口、安全楼梯的位置；提醒他们熟悉客房门上贴的安全路线示意图。

3. 牢记火警电话119

导游人员要牢记火警电话；掌握领队和全团成员的住房号码，一旦火情发生，及时通知他们。

二、火灾事故的处理

万一发生火灾，导游人员应：

1. 立即报警。

2. 迅速通知领队、全陪及全团游客。

3. 配合工作人员，听从统一指挥，迅速通过安全出口疏散游客。

4. 判断火情，引导游客自救。如果情况紧急，不能马上离开火灾现场或被困，导游员应立即采取的正确做法如下：

（1）若被大火和浓烟包围，导游员要引导游客自救，保住性命，等待救援。即使情况紧急也不要让游客胡乱跳楼。

（2）若身上着火，可就地打滚或用厚重的衣物压灭火苗。

（3）必须穿过浓烟时，用浸湿的衣服披裹身体，捂着口鼻，贴近地面顺墙爬行。

（4）大火封门无法逃出时，可用浸湿的衣物、被褥堵塞门缝或泼水降温，等待救援。

（5）看到救护人员时，要大声叫喊或边喊边摇动色彩鲜艳的衣物，救援人员到来后要服从命令听指挥。

5. 协助处理善后事宜

游客得救后，导游员应立即组织抢救受伤者，若有重伤者应迅速送医院；有游客死亡时，按前述有关程序处理；采取各种措施稳定游客的情绪，解决因火灾造成的生活方面的困难，设法使旅游活动继续进行；协助领导处理好善后事宜；写出详实的书面报告。

情境体验

1. 情景任务：校园火灾应急预案演练。

2. 任务布置：

（1）分任务小组，5~6 人一组。

（2）物品准备：防毒面具、湿浴巾、灭火器。

（3）情境任务：紧急疏散，指定地点集合。

任务拓展

泰国游头号杀手——溺亡

2015年，中国游客赴泰旅游暴涨，据中国驻泰国大使馆参赞兼总领事李春林介绍，2015年每月都有100多起领事保护协助案件。其中，造成死亡的前两个原因分别是溺水和交通事故。一年中有70多名中国公民在泰国因溺水身亡，有33人因交通事故在泰国身亡。事故原因分析：

1. 潜水溺亡：潜水时易呛水身亡

泰国是水上旅游项目众多的国家。中国驻泰国使馆领保组组长钱蓉领事介绍，溺水身亡的案件中潜水出现的事故不少。一些旅游景点潜水设施相对简陋，有的中国游客特别是年轻人猎奇心切，不管是否识游水，都想尝尝鲜。由于人习惯了用鼻子呼吸，在水中要转换用口呼吸，一旦不适，则容易呛水，若不掌握自救知识，待大家反应过来，很可能肺部进水，无力回天。

2. 酒店溺亡：0.9米水深也能淹死人

酒店游泳池也是溺亡一大高发点。钱领事解释说，大部分游客白天玩了一天，或许晚上还到酒吧喝酒，回到酒店后，仍想享受一下酒店的设施。在劳累或醉意的情况下，一不小心就从泳池边滑进水里。而泰国酒店救生员及工作人员晚上都下班了，待第二天早上清洗打扫时才发现池里有人，但已经晚了。

3. 海滩溺亡：酒店对海域不负责

在酒店外面的沙滩上溺亡也有不少案例。钱蓉介绍，海水看上去很浅很平静，海水之下岩石情况却复杂，暗流汹涌，如不慎撞上或卷入，较难获救，甚至被海水冲走而失踪。在泰国，若有风暴或复杂情况，工作人员会在海滩插红旗或危险标示，若不听警告坚持下海，则易导致溺亡事故。

思考： 1. 如果你是一名导游，如何预防溺水事故？

2. 旅游者溺水的应急处理措施。

任务3　预防和处理旅游治安事故

在旅游活动过程中，遇到坏人的骚扰、偷窃、抢劫、诈骗、行凶等，导致游客身心及财物受到不同程度的损害的事故，统称治安事故。旅游期间，当旅游者的生命、财产遭到威胁时，导游员必须挺身而出，保卫旅游者，决不能置身事外，更不得临阵脱逃。

任务描述

泰国遭遇飞车党　财物损失心受惊

2015年11月16日，一名在泰国旅游的中国游客在清迈遭遇飞车党，在和友人拍照时，被嫌犯飞车抢劫。该游客称包内财物价值高达10万铢，警方已介入调查。

警方在现场发现，一名中国游客手上、膝关节等多处被擦伤。中国女游客告诉警方，事发前，她和朋友一起站在酒店外面拍照留念，不料一名戴着黑色帽子的男子飞车抢劫，自己由于拉扯跌倒在地，随后歹徒持包逃跑。包内有一部IPhone 6S，还有5000铢现金，其被劫包价格达6万铢。

讨论：1. 请你谈谈治安事故的预防？

2. 如何处理治安事故？导游人员的作用体现在哪些地方？

知识点拨

一、治安事故的预防

在带团游览期间，导游员要眼观六路、耳听八方，认真观察周围环境，发现不正常现象时，立即采取应急措施，将旅游团转移到安全地带。若遇到坏人抢劫或行凶，导游人员要敢于应战，善于应战，挺身而出保护游客生命财产安全。

导游员在接待工作中要时刻提高警惕，采取一切有效的措施，尽量防止治安事故的发生。

1. 入住饭店后做好提醒工作

（1）导游人员应建议游客将贵重财物存入饭店保险柜，不要随身携带大量现金或将大量现金放在客房内。

（2）向旅游者讲清外币兑换的有关规定，提醒他们不要私自与他人兑换外币。

（3）提醒旅游者不要将自己的房间号告诉不熟悉的人；出入房间一定要锁好房门；晚间，若有人敲门不要贸然开门，以防意外；不要让不熟悉的人和自称饭店维修人员的人进入房间。

2. 旅行、游览时导游人员的注意事项

(1)旅游车行驶途中，不得停车让非本车人员上车，若有不明身份者拦车，提醒司机不要停车。

(2)下旅游车时，提醒旅游者不要将证件和贵重物品遗留在车上；旅游者下车后，提醒司机关好车窗、锁好车门，不要让陌生人上车，不要离车太远；旅游者返回上车时，导游人员和司机要尽力阻止小商贩上车兜售商品。

(3)参观游览时，导游人员要始终和旅游者在一起，随时注意观察周围环境和旅游者的行踪，经常清点人数；发现可疑现象，尽力引领旅游者避开；在人多拥挤的公共场所，要提醒旅游者不要离开团队，注意保管好自己的证件、财物。

二、治安事故的处理

一旦发生治安事故，导游员应：

1. 全力保护游客

遇到歹徒向游客行凶、抢劫，导游人员应做到临危不惧，毫不犹豫地挺身而出，勇敢地保护游客，并立即将游客转移到安全地点，力争与在场群众、当地公安人员缉拿凶犯，追回钱物。总之，切不可鲁莽行事，要以游客的安全为重。

2. 迅速抢救

如有游客受伤，应立即组织抢救或送伤者去医院。

3. 立即报警

治安事故发生后，导游员应立即向当地公安部门报案并积极协助破案。报案时要实事求是地介绍事故发生的时间、地点、案情和经过，提供作案者的特征，告知受害者的姓名、性别、国籍、伤势及损失物品名称、数量、型号、特征等。

4. 及时向接待社领导报告

导游员要及时向旅行社领导报告治安事故发生的情况并请求指示，情况严重时请领导前来指挥、处理。

5. 稳定游客的情绪

治安事故发生后，导游员应采取必要措施稳定游客的情绪，努力使旅游活动顺利地进行下去。

6. 写出书面报告

导游员应写出详细、准确的书面报告，包括案件整个经过以及案件的性质、采取的应急措施、受害者和旅游团其他成员的情况等。

情境体验

1. 情景任务：模拟抢劫事故的处理措施。

2. 任务布置：

（1）分任务小组，5~6人一组。

（2）角色分工：导游员、游客、歹徒、相关工作人员。

（3）物品准备：接待计划书、导游证、导游旗、多媒体课件。

（4）情境任务：抢劫事故现场处理。

任务拓展

2017年5月3日，四川游客花花和妈妈在越南芽庄旅游。午餐后，她带母亲去购物。突然，花花听见一阵急促的摩托车马达声，还没反应过来，她就感觉自己被强烈地拽了一下。摩托车上的两个男人试图抢下花花挎在身上的包。为了不让包被抢，她甚至倒地用身体压住挎包。“真不是为了护钱，包里有护照和各种银行卡，如果被抢了，回国特别麻烦。”就这样，花花被“飞车党”拖行了8米。其间，手臂、大腿、背部、小腿均被刮伤……

思考：1. 境外旅游，如何保证安全？

2. 请你搜集一份中国公民赴越南旅游的安全提醒资料。

任务4　预防和处理食物中毒

食物中毒是旅游中最常见的安全事故。食物中毒是指食用了不利于人体健康的物品而导致的急性中毒性疾病，通常都是在不知情的情况下发生食物中毒。食物中毒如果处理不当，不但给旅游者本身造成重大伤害，而且会给旅行社带来严重的经济和名誉损失。

任务描述

"惠东美食之旅"食物中毒事件

两个香港旅行团参加凯旋旅行社组织的"惠东美食之旅"，团友于2017年8月13日从深圳出发，晚上入住惠东县双月湾一间酒店，享用酒店的自助晚餐，翌日早上九时在同一酒店吃早餐。上午10时许，部分团友开始不适，出现腹痛、腹泻、呕吐等疑似食物中毒症状。

旅行社立即报警，并将24位不适的团友送往当地两间医院治疗，其中邹姓一家三口病情较严重，16岁儿子一直发烧不退且四肢乏力，另一位赖姓女子高烧不退且腹胀，她同行的儿子、媳妇及亲戚也一样中毒，正在另一间医院医治，另有四人经治疗后无碍回港。

旅行社安排三部救护车及一部旅游巴士，14日晚由两间医院开出。到晚上11时30分，患者返抵北区医院进一步治疗及检查。

讨论：1. 讨论食物中毒的症状有哪些？

2. 导游人员如何预防食物中毒事故？

知识点拨

一、食物中毒的预防

食物中毒一般可分为细菌性（如大肠杆菌）、化学性（如农药）、动植物性（如河豚、扁豆、豆角）和真菌性（如毒蘑菇）食物中毒。其症状以恶心、呕吐、腹痛、腹泻为主，往往伴有发烧。吐泻严重的还能发生脱水、酸中毒，甚至休克、昏迷等症状。特点是起病急、发病快、潜伏期短，如果不及时救治，严重的会有生命危险，所以导游员要高度重视旅游者食物中毒事件。

1. 严格按规定办事

（1）严格执行在旅游定点餐厅用餐的规定。

（2）在餐厅，导游员要注意检查饭菜质量，若发现有变质的、不卫生的菜肴和饮料，立即与餐厅交涉并要求餐厅负责人出面道歉，保证旅游者吃到新鲜的食物。

2. 多做提醒工作

导游员应随时提醒游客不要在小摊上购买食物；不要喝生水和不洁的水等。

二、 食物中毒的处理

在旅游过程中，面对客人产生食物中毒的现象，导游人员应该首先对有食物中毒症状的旅游者采取应急措施。

1. 应设法催吐，并让食物中毒者多喝水以加快排泄，缓解毒性。

2. 将患者送往就近医院抢救，并请医生开具证明。

3. 迅速报告旅行社，追究供餐单位的责任。

4. 协助旅行社帮助旅游者向有关部门索赔。

导游员还应照顾其他旅游者，关心他们的健康，安抚他们的情绪，努力设法使旅游活动继续进行下去。如果事故比较严重，导游员还需要写出书面报告。

情境体验

1. 情景任务：写一份导游带团食物中毒应急预案。

2. 任务布置：

（1）分任务小组，5~6人一组。

（2）角色分工：导游员、游客、相关工作人员。

（3）物品准备：接待计划书、导游证、导游旗、多媒体课件。

（4）情境任务：食物中毒应急预案。

任务拓展

如何处理旅游者食物中毒赔偿纠纷

一、旅游者食物中毒纠纷处理的难点所在

1. 旅游者在旅游途中，由于舟车劳顿、体力消耗过大导致其对外界致病细菌抵抗力的下降。同时，由于旅游者水土不服，或者对旅游目的地食物不适应，特别是内地旅游者赴东南沿海旅游，对当地的海鲜等食物不适应，产生肠胃不适症状后，

出现了疑似食物中毒症状，除非有卫生监督部门出具的权威结论，否则不能随便认定是食物中毒。

2. 中毒的食物来源难以确定。旅游者的食物来源有两个，一是旅行社安排的餐厅提供的食物，另一个是旅游者在旅游途中自己购买的食物。由于食物中毒的发生一般在饭后几个小时以后，甚至更长的时间，到底是旅游餐厅食物有毒或变质，还是旅游者在其他地方购买的有毒或变质食物引起的食物中毒，是一个难以清晰认定的问题。

二、旅行社防止食物中毒事件发生的措施

1. 针对不同的旅游群体控制旅游节奏。许多所谓的食物中毒，实质上就是旅游者的肠胃不适造成的。究其根源，是旅游线路安排过于紧张，导致旅游者抵抗力下降，出现上吐下泻症状。旅行社在安排线路时，特别是老年旅游团时，一定要放缓旅游节奏，体现“旅速游缓”的特点，让旅游者保存较为充沛的体力。

2. 对特殊线路予以特别关注。特别在夏季，旅行社组织海岛旅游时，要特别重视对餐饮的安排，一定要剔除不适合旅游者食用的食物，如小贝壳类海鲜产品，旅游目的地的市民能够食用，而旅游者食用会导致肠胃不适；同时，导游（领队）要特别告知旅游者食用海鲜的注意事项，防止意外事故的发生。

3. 选择合法正规、卫生环境较好的餐馆。旅游餐馆是否规范、卫生环境的好坏，某种程度上决定了食物中毒事件发生的概率。旅行社应事先对旅游餐馆进行实地考察，以普通旅游者的身份体验餐饮质量和服务环境，确保旅游餐饮的美味和食物卫生安全。

4. 在旅游菜单中应避免安排某些菜肴。旅行社安排旅游菜单时，应剔除某些食物，如土豆等食物最好不进入菜单，这些食物存放不当，或者烹饪不当，就容易产生毒素，旅游者食用后很容易引起食物中毒，旅行社完全可以用其他菜肴替代它们。

三、疑似食物中毒事件发生时采取的措施

1. 导游（领队）要及时把旅游者送往医院。只要疑似食物中毒事件发生，导游（领队）要在第一时间协助把旅游者送往医院救治，防止旅游者病情恶化。

2. 导游（领队）要在第一时间取证。疑似食物中毒事件发生后，导游（领队）

要协助旅游者取得呕吐物、排泄物的样本，以便向卫生监督部门提供，用于检测是否属于食物中毒。

3. 导游（领队）要及时报告。导游（领队）首先要向卫生监督管理部门报告，请求他们前来取样鉴定；同时还要向旅行社负责人报告，获得处理的意见和方案。如果旅游者在境外，还要向我国的使领馆报告。

思考：旅游者在就餐中，食用了有毒、变质食品，导致旅游者出现不适症状、甚至死亡的旅游安全事故，在夏季或者在沿海地区屡有发生，旅行社、服务供应商与旅游者之间往往为食物中毒事件争执不已。阅读以上资料，了解旅游者食物中毒的预防措施。

任务5　应对重大自然灾害

自然灾害具有严重危害性、突发性与永久性、周期性与不重复性、广泛性与区域性、频繁性与不确定性等特点，由于旅游业自身敏感的特点，更容易受到自然灾害的重创。英国著名危机管理专家迈克尔·里杰斯特指出，预防是解决突发危机的最好方法。对于自然灾害最好的处理方法就是做好预防工作，这就要求把预警放在首位。

任务描述

大地震突发　导游护游客

1996年2月，云南丽江发生大地震。晚7时许，突然，大地震颤，当时，一个上海旅游团正在集合，准备前去用晚餐。带团的是一位有丰富经验的导游人员，发现发生地震，他镇定地高喊：“大家不要乱跑，快到街中心来，这里没有建筑物，安全。”他一面把老人、孩子往人堆中推，一面让大家保护好头部。几秒钟后，古镇到处断墙残壁，周围一片漆黑。导游人员带着旅游团在初震后几分钟内冲出险区，进入安全地带。

讨论： 1. 请你总结案例中导游人员的正确做法。

2. 在灾难面前，导游人员应具备怎样的职业品质？

知识点拨

一、地质灾害的预防与应对

1. 地震

地震，是地球上所有自然灾害中给人类社会造成损失最大的一种地质灾害。破坏性地震，往往在没有什么预兆的情况下突然来临，大地震撼、地裂房塌，甚至摧毁整座城市，并且在地震之后，火灾、水灾、瘟疫等严重次生灾害更是雪上加霜，给人类带来了极大的灾难。

图5-3 地震

地震虽然具有不可抗拒性，但是人们依然可以通过一些措施来减少损害。在最关键时刻，导游人员一定要处乱不惊，引领全团旅游者冷静应对。

（1）现场自救

室内遇险，应就地躲避。躲在桌、床等结实的家具下，尽量躲在小的空间内，例如卫生间、厨房或内墙角；可能时，初震后迅速撤至室外。

室外遇险，切忌乱跑乱挤，不要扎堆，避开人多的地方；远离高大建筑物、窄小胡同、高压线；注意保护头部，防止砸伤。旅游团在游览时遇到地震，导游人员应迅速引领旅游者撤离建筑物、假山，集中在空旷开阔地域。

（2）遭灾者的自救

地震时被压在废墟下、神志还清醒的幸存者，最重要的是不能在精神上崩溃，而应该创造条件脱离险境或保存体力等待救援。例如，若能挣脱开手脚，应立即捂住口鼻，以隔挡呛人的灰尘，避免窒息；设法保存体力，不要乱喊，而要听到外面有人时再呼救；若能找到水和食物，要计划使用，尽可能长地维持生命。任何人在地震发生时都要有强烈的求生欲望，绝不要放弃希望。

2. 海啸

海啸威力巨大，会在瞬间吞噬数十万人的生命。若遇到海啸，怎样应对？怎样逃生？

（1）海啸发生前

地震是海啸最明显的前兆。如果感觉到较强的震动就不要靠近海边、江河的入海口。如果听到有关附近地震的报告，要做好防范海啸的准备。海啸有时会在地震发生几小时后到达离震源上千公里的地方。

（2）海啸发生时

发生海啸时，航行在海上的船只不可以回港或靠岸，应该马上驶向深海区，深海区相对于海岸更为安全。海啸登陆时海水往往明显升高或降低，如果看到海面后退速度异常快，立刻撤离到内陆地势较高的地方。

（3）海啸发生后

如果没有及时赶到高地，应尽量抓住能够固定自己的东西。万一不幸被海浪卷入海中，最主要的还是冷静，要尽量放松，努力使自己漂浮在海面。能漂浮在水面上后，要马上向岸边移动。

3. 泥石流

在旅游团行程中如果有泥石流、滑坡多发地区，导游人员必须注意天气预报，若有连绵阴雨或大雨，要与旅行社或旅游者商量，对行程作必要的修改；暴雨刚停时，旅游团最好不要在山区活动。

遇到泥石流，导游人员要镇定地引导旅游者逃生：

（1）泥石流发生时，不能在沟底停留，而应迅速向山坡坚固的高地或连片的石坡撤离，抛掉一切重物，跑得越快越好，爬得越高越好。

（2）切勿与泥石流同向奔跑，而要向与泥石流流向垂直的方向逃生。

（3）到了安全地带，旅游者应集中在一起，等待救援。

4. 飓风

旅游团若遇强大风暴，尤其遇到龙卷风时，要采取自我保护措施。

（1）若在室内，最好躲在地下室、半地下室或坚固房屋的小房间内，避开重物；不能躲在野外小木屋、破旧房屋和帐篷里。

（2）若困在普通建筑物内，应立即紧闭临风方向的门窗，打开另一侧的门窗。

（3）若被飓风困在野外，不要在狂风中奔跑，而应平躺在沟渠或低洼处，但要避免水淹。

（4）旅游团在旅游车中时，司机应立即停车，导游人员要组织旅游者立即撤离，躲到远离汽车的低洼地或紧贴地面平躺，并注意保护头部。

二、洪水的预防与应对

洪水灾害是世界上最严重的自然灾害之一，一般以夏季居多。导游人员带领旅游者到山地、河湖游览时，如遇暴雨或前一天下了暴雨，要特别注意洪灾的发生。

1. 洪水灾害的预防

为避免在游览中受到洪水的侵袭，导游人员应在出发前收听气象台的天气预报，尤其是汛期的天气预报，当听到气象台发出的红色预警或橙色预警时，应对计划的山区、河湖或低洼地区的游览采取相应的措施。为应对在野外游览时突然遭遇到洪水的侵袭，导游人员平时应学习一些应对洪水的自救和救援知识。

图5-4 洪水

2. 遭遇洪水时的应对

（1）洪水来临时的自救措施

不要带领旅游者去危险地带。洪水到来时，来不及转移的人员，要就近迅速向山坡、高地、楼房、避洪台等地转移，或者立即爬上屋顶、楼房高层、大树、高墙等高的地方暂避。

导游应带领旅游者迅速离开低洼地带，选择有利地形，将旅游者转移到地势较高的地方以躲避洪水。

（2）被洪水围困时的自救措施

如果已被洪水包围，导游用自身备有的通信设备，不断地向外界发出求救信号，报告自己方位和险情，积极寻求救援。即使会游泳，也要尽量避免下水，以防碰到暗流以及漩涡，避免和漂浮物冲撞。

设法稳定旅游者的情绪，若离开原地要采取集体行动，不要让旅游者单独离开，以免因情况不明而陷入绝境。利用手机迅速报警，将旅游者受洪水围困的地点、人数和所处的险情一一报告清楚，请他们迅速组织人员前来救援。

三、重大传染疾病的预防

1．禽流感的症状、传染途径与预防

（1）禽流感的症状

禽流感是禽流行性感冒的简称，它是由甲型流感病毒引起的一种禽类急性传染病，也能感染人类，被国际兽疫局定为甲类传染病。

禽流感病毒可分为高致病性、低致病性和非致病性三大类。其中高致病性禽流感是由H5和H7亚毒株（以H5N1和H7N7为代表）引起的疾病。高致病性禽流感因其在禽类中传播快、危害大、病死率高，被世界动物卫生组织列为A类动物疫病，我国将其列为一类动物疫病。

人类感染禽流感病毒后，起病很急，早期表现类似普通型流感。主要表现为发热，体温大多持续在39℃以上，热程1～7天，一般为3～4天，可伴有流涕、鼻塞、咳嗽、咽痛、头痛、肌肉酸痛和全身不适。部分患者可能有恶心、腹痛、腹泻、稀水样便等消化道症状。重症患者病情发展迅速，可出现肺炎、呼吸窘迫、败血症、休克等多种并发症，严重者可致死亡。

（2）禽流感的传染途径

禽流感病毒可通过呼吸道、消化道进入人体传染给人，人类直接接触受禽流感病毒感染的家禽及其粪便或直接接触禽流感病毒也可以被感染。

通过飞沫及接触呼吸道分泌物也是传播途径。如果直接接触带有相当数量病毒的物品，如家禽的粪便、羽毛、呼吸道分泌物、血液等，也可经过眼结膜和破损皮肤引起感染。

（3）禽流感的预防

① 养成良好的生活习惯，勤洗手；注意饮食卫生，不喝生水；加强体育锻炼，多休息，避免过度劳累。

② 做好防护措施，接触禽流感患者应戴口罩、戴手套，接触后洗手。

③ 保持室内空气流通，应每天开窗换气两次，每次至少10分钟，尽量少去空气不流通的场所。

④ 发现疫情时，应尽量避免与禽类接触；公众特别是儿童应避免密切接触家禽和野禽。

⑤ 要做到“四早”，指对疾病要早发现、早报告、早隔离、早治疗。早发现：

当自己或周围人出现发烧、咳嗽、呼吸急促、全身疼痛等症状时，应立即去医院就医；早报告：发现人感染高致病性禽流感病例或类似病例，及时报告当地医疗机构和疾病预防控制机构；早隔离：对人感染高致病性禽流感病例和疑似病例要及时隔离，对密切接触者要按照情况进行隔离或医学观察，以防止疫情扩散；早治疗：确诊为人感染高致病性禽流感的患者，应积极开展救治，特别是对有其他慢性疾病的人要及早治疗，经过抗病毒药物治疗以及使用支持疗法和对症疗法，绝大部分病人可以康复出院。

2. 寨卡病毒的症状、传染途径与预防

（1）寨卡病毒的症状

被寨卡病毒感染后的常见症状包括发烧、疹子、关节疼痛、肌肉疼痛、头痛和结膜炎。另外少见的症状包括腹痛、恶心、呕吐、黏膜溃疡和皮肤瘙痒等。其症状通常较温和，持续不到一周，需要住院治疗的严重病情并不常见。

（2）寨卡病毒的传播途径

寨卡病毒主要通过蚊虫叮咬传播，其中埃及伊蚊为寨卡病毒的主要传播媒介。白纹伊蚊、非洲伊蚊、黄头伊蚊等多种伊蚊属蚊虫也可能传播该病毒。根据监测，我国与传播寨卡病毒有关的伊蚊种类主要为埃及伊蚊和白纹伊蚊，其中埃及伊蚊主要分布于海南省、广东雷州半岛以及云南省的西双版纳州、德宏州、临沧市等地区；白纹伊蚊则广泛分布于我国河北、山西、陕西以南的广大区域。

（3）寨卡病毒的预防

防止寨卡病毒感染的最有效保护方法就是防止蚊虫叮咬。在疫情发生地区旅游时，应注意穿着长袖衣物、使用驱虫剂等，同时注意关闭门窗、使用纱窗及蚊帐等方式避免蚊虫叮咬。另外注意将居室内或居家周围的水桶、花盆、汽车轮胎等可能蓄水的容器排空、保持清洁或加以覆盖，防止蚊虫在这些容器中孳生。

专家提示，游客到寨卡病毒疫情发生国家和地区旅行，应了解目的地疫情流行情况，注意做好个人防护，一旦出现发热、皮疹、肌肉关节疼痛等症状，应及时到医疗机构就诊，并主动告知医务人员相关旅行史。

总之，当旅游团队在行程中发现重大传染性疾病疫情、群体性不明原因疾病等严重影响公众健康事件时，导游人员应立即拨打120急救电话等待施救；同时向当地卫生防疫部门报告，阐述团队详细情况，服从卫生防疫部门做出的安排，积极配合消毒防疫工作；向旅行社报告事故情况，做好游客的安抚和宣传工作。

情境体验

1. 情景任务：安全知识闯关大赛。

2. 任务布置：

（1）分任务小组，5~6人一组。

（2）角色分工：导游员、游客、相关工作人员。

（3）物品准备：接待计划书、导游证、导游旗、多媒体课件。

（4）情境任务：地震、洪水、泥石流、重大传染病的防范自救措施竞赛。

任务拓展

遭遇突发事件，导游如何正确应对

导游叶绍磊8月5日带着来自广西某集团有限公司的12人考察团，参观完神农架前往武当山。那两天一直下着大暴雨。上午11时，当车辆到达孤山村，道路低洼处被积水阻断，水深约1.3米，超过了车辆的安全水位线。考虑到车辆为18座金龙客车，具有密封性好、车辆空间大、行李箱少、浮力大等特点，车辆强行涉水可能导致倾覆。他与司机商量后决定，等待水位下降后再通过险段。下午14时，导游从后方涉水买来快餐面为客人解决中餐，同时打听到后方道路已被塌方阻断，车辆陷入进退两难境地。

叶导通过手机上的卫星地图发现，道路前后50公里的山区只有我们行驶的209国道有一条河谷，于是判断，一旦雨下个不停，所有的降水将汇集到这条河谷，就有暴发山洪的危险。他立即拨打119，报告地接社湖北康辉旅行社要求启动应急预案。1小时后消防人员通过电话告知，因道路已经阻断，救援人员无法抵达，叶导只能带领游客自救。

他一边观察周边地形，一边向路旁村民了解情况，并做好撤离准备。在当地村民的帮助下，当晚6时左右，游客们在村民家里吃到了晚餐。而此时雨仍在下，有的客人有些急躁，情绪不稳。为了防止游客的过激行为，叶导不断地跟游客分析当时的情况，稳定游客情绪；另一方面，他不停地告诫自己，必须冷静处理可能发生的一切。

当晚，他和司机在旅游车上留守观察，并将车辆牵引至村民的房屋门口。晚上

11时30分，洪水冲上路面，他立刻叫醒所有的客人和村民赶快撤离，并要求客人只随身携带车上的饮用水、食物、手机和一件御寒衣物。所有人必须听从指挥，放弃其他一切行李物品，否则行李将成为累赘。早上零时左右团队到达山顶，进入山顶上一户土质房屋的人家中避难。此时，通讯已中断，团队更加孤立无援。

为防止滞留时间过长，6日早上6时，叶导和司机带着客人，步行至17公里外的六里坪求助，其他人则留在安全地带等待救援。途中险情不断，在通过官山水库时，遇到二次塌方，险些遇难。

最后，湖北省旅游局立即启动应急预案，部署救援工作，在丹江口市旅游和外事侨务局等社会各界的共同努力下，团队终于在6日下午6时全部成功脱险，并得到妥善安置，无一人伤亡。

下山后才知道，团队撤离后，洪水很快上涨，淹没了山下的村庄，冲走了旅游客车和行李，如果不是及时轻装撤离，后果不堪设想。

经历了带团中的各种突发事件，导游叶绍磊在被采访时说，作为一名合格的导游员，其一，要具备多方面的知识和技能，在危机发生时，必须冷静思考，沉着应对，及时求助，树立良好的全局观念，将生命至上作为救生的最高准则，这样才能将危险降到最低。其二，要成为团队的主心骨。一个好的导游应该是游客的保护伞，任何时候都要做好安全防护工作，遇到紧急情况，要综合分析当前和后续情况，做出科学判断，根据具体情况灵活处理，力争将伤亡降到最低。其三，导游应该具备应对各种情况的安全救生知识，如遇雷雨天气，要判断所处的地形地貌，防范发生山洪、泥石流险情；有雷电时，不要携带金属物品，不要站在高处，防止雷击；地震发生时，要往空旷地带疏散。

思考：作为一名合格的导游，必须具备良好的综合素质，树立“没有安全就没有旅游”的安全意识，学习和积累应对各种突发事件的经验。阅读以上案例，列举户外生存技巧。

项目回顾

1. 通过本项目学习，掌握旅游安全事故的预防措施和处理的程序要点。

2. 通过列表格的方式，概括本项目各个任务的主要知识点，提高自身安全防范意识和应急能力。